디카詩를 말한다

디카詩를 말한다

이상옥 평론집

詩와에세이

│차 례│

책머리에 ──────────────── 6

제1부 디카詩를 위한 試論

디카詩, 언어 너머의 시 ──────────── 11

디카詩의 가능성과 창작방법 ──────── 24

디카詩의 쟁점과 정체성 ──────────── 39

디카詩, 21세기 디지털 시대 새로운 시의 한 모형 ─── 56

디카詩의 실험과 모색 ──────────── 68

디카詩, 공감과 매혹 ───────────── 72

디카詩의 비전 ──────────────── 80

시의 굴절된 풍경과 디카詩 ───────── 85

디카詩의 새로운 경지, 오늘의 패러다임 제시 ─── 96

제2부 디카詩 모색을 위한 대담

디카詩의 대중성 — 117

디지털 시대와 디카詩 — 124

디카詩의 전위성 — 155

부록 — 디카詩를 바라보는 시선

무사상시 이야기/문덕수 — 173

'극순간의 포착', '극순간의 감동'/배한봉 — 179

직관이 불러온 詩를 받아쓰다/박서영 — 194

책머리에

그동안 '디카'를 활용한 글쓰기는 네티즌을 중심으로 일상화되어 왔다. 조선일보에서는, 올해 사이버신춘문예에서 '디카로 찍은 사진과 함께 쓰는 에세이'라는 새로운 개념으로 '디카에세이'를 공모한 바도 있다. '디카'가 이제 새로운 펜의 역할을 톡톡히 해내고 있는 추세에서 디카를 활용한 글쓰기가 하나의 새로운 글쓰기 풍속도로 자리 잡아 가고 있는 셈이다.

디카를 활용한 글쓰기의 양대 축은 디카詩와 디카에세이다. 디카詩도 디카에세이와 마찬가지로 '디카로 찍은 사진과 함께 쓰는 시'라고 간략하게 정의할 수 있지만, 그러나 그렇게 단순한 개념으로 치부해 버릴 수 없을 만큼 다양한 관점에서 논의가 필요하다.

따라서 이번에 디카詩論集 『디카詩를 말한다』를 세상에 처음 내보내면서 디카詩 논의의 시금석이 되고 쟁점이 되기를 기대하는 것이다.

제1부 디카詩를 위한 試論에서는 그동안 진행해 온 디카詩論 작업을 시간적 순서대로 배치했다. 이들을 차례로 읽어보면 디카詩가 어떻게 정립되고 또한 발전·진화되는지를 이해할 수 있을 것이다.

제2부 디카詩 모색을 위한 대담에서는 방송 인터뷰와 김열규, 문덕수 선생과의 대담이다. 디카詩論에 대한 진단과 검증작업이라고

볼 수 있다.

　부록 디카詩를 바라보는 시선은 문덕수 선생과 배한봉, 박서영 시인이 디카詩를 바라보는 타자로서의 관점, 그러니까 일종의 메타 디카詩論이다.

　이 책은 학술논문과 강연, 간행사, 대담 등의 형식으로 이미 발표된 것을 가필하여 묶었지만 워낙 다양한 성격의 글들이어서 자칫 산만하게 보일 수도 있고, 또한 디카詩의 핵심 이슈와 디카詩의 전개과정을 여러 자리에서 동일하게 강조하다 보니 같은 내용이 이따금 반복 제시되어 거슬리게 보일 수도 있을 것이다. 하지만 이 책을 디카詩論 구축의 여정 기록물로 인식하고 읽다 보면 의외로 일관성과 통일성도 엿볼 수 있을 것이다.

　그리고 이 책에는 디카詩(dica-poem)를 키워드로 하는 '사물의 상상력', '신의 상상력', '에이전트', '파인더', '멀티언어예술', '날시(raw poem)', '극순간포착' 등의 낯선 문학용어들이 다수 등장하는데, 이런 용어들은 디지털 시대 새로운 시의 외연을 여는 핵심 이슈가 될 것이다.

　이 책이 비록, '디카詩'라는 화두를 붙잡고 삼년 가까운 세월 동안 디카詩 창작은 물론이고, 디카詩論 정립을 위한 연구 활동, 그리고 디카詩展 개최, 디카詩카페 운영, 디카詩전문지 창간 등의 다양한 노력을 기울이면서 구축한 나의 디카詩論集이지만 막상 묶어서 세상에 내보내려고 하니 미진한 구석이 눈에 먼저 띈다.

그런데 첨언하고 싶은 것은 비록 試論에 불과한 디카詩論이지만 이것은 직관에 의한 자생 詩論이라는 점이다. 물론, 내가 그동안 공부한 동서양 시학이 자양분이 되지 않았겠는가마는 디카詩論의 착상은 디지털 시대에 새로운 시에 대한 나의 직관에서 기인된 것만은 부인할 수 없다.

스스로 자생 詩論이라고 말하는 나의 디카詩論이 그 뿌리가 어디에 있는지, 어느 詩論과 친연성이 있는지 또한 앞으로 어느 쪽과 연계하여 발전해야 하는지 등에 대해서는 직관을 넘어서는 절차탁마의 연구가 있어야 할 것이다.

그래서 이 책은 수정되고 또한 증보되어 보다 온전한 디카詩論集으로 거듭나야 할 것이다.

끝으로 인용 디카詩가 제 빛을 발하기 위해서는 컬러판으로 출간되어야 하는데 출판 여건상 그러지 못한 점은 해량해주기를 바라면서, 디카詩 논의에 큰 힘을 보태어준 문덕수, 김열규 선생, 그리고 배한봉, 박서영 시인께 감사드리며, 디카詩論 전개에 좋은 텍스트를 제공해준 우리 시조단의 원로 이상범 선생께도 감사드린다. 아울러 선뜻 디카시론집 출간을 허락해준 양문규 시인께도 따스한 우의를 전한다.

봄의 길목,
마산 합성동캠퍼스에서 이상옥

제1부 디카詩를 위한 試論

디카詩, 언어 너머의 시

어둔 하늘에 빛나는 별을 보면, 시가 생각나지 않는가. 별은 시의 다른 이름이기 때문이다. 아가의 순결한 눈빛을 보면, 시가 생각나지 않는가. 아가의 순결한 눈빛은 시의 다른 이름이기 때문이다. 산 속에서 이름 모를 꽃을 만나면 시가 생각나지 않는가. 꽃은 시의 다른 이름이기 때문이다. 시는 아름답고 맑고 진실한, 삶의 가장 가치로운 것들의 다른 이름이라고 볼 수 있다.

—「자작시 해설」에서

1

문덕수 시인이 "시는 언어예술이면서도 언어를 넘어선다"고 지적한 바 있듯이, 오늘의 시는 기존의 시론이나 틀 속에 갇혀 있을 수만은 없다. 시는 언어를 넘어서도 존재하는 것이다.

디카詩는 '언어 너머 시'를 디지털카메라로 찍어 문자로 재현한 시다. 따라서 '디카詩'는 단순한 시와 사진이 조합된 시사진(시화)이 아니다. 디카로 찍은 사진은 '언어 너머 시'다. 다시 말해 시의 노다지다. 금은 금광 깊이 파고 들어가서 채취하기도 하지만 사금 같은 경우에는 금덩어리로 산출되기도 한다. 문자시가 전자의 경우라고 하면, 디카詩는 후자처럼 시의 노다지를 언어 너머에서 발견한 것이다.

시는 '언어 너머'에서도 존재하는 것이다. 출근하는 길 차창에 비치는 자연의 풍경이 어느 순간 완연한 시의 형상으로 포착될 때가 있었다. 그때마다 언어 너머 존재하는 시의 형상, 저걸 어떻게든 담아야 할 텐데 하고 아쉬워하기도 했다.

그러다 디지털카메라를 주목하게 된 것이다.

지난 2004년 4월 초부터 디지털카메라로 '언어 너머 시'를 찍고 문자로 재현하는 작업이 시작되었다. 디카로 '언어 너머 시'를 포착하고 나면 그다음 날 학교에서 문자 재현하여 「한국문학도서관 이상옥 서재」에 올리는 작업을 신바람 나게 하면서, 그것을 '디카詩'라고 명명하고 마치 '디카詩'의 전도자라도 된 양 학생들에게나 일반인들에게 기회가 닿는 대로 디카詩의 개념과 매혹을 선전·선동(?)했다. '디카'로 찍은 언어 밖의 시를 문자로 재현하는 작업은 그렇게 오랜 시간이 걸리지 않았다. 디카에 찍힌 시를 불러내기만 하면 되기 때문에 문자시를 쓸 때의 상상력과는 다른 국면이었다. 단순하게 생각하면 신의 말씀을 듣는 예언자처럼 그대로 기록하고 전파하면 되는 일이다. 그러나 신의 뜻을 전하는 예언자도 자신의 개성이 그 말씀 속에 스며드는 것은 어쩔 수 없는 일이듯이 '언어 너머 시'(날시 raw poem)를 손상 없이 문자 재현해야 하지만 경우에 따라서는 '언어 너머 시'에 화자가 개입되어 날시의 외연이 확장 되기도 한다.

하루치의 슬픔 한 덩이
붉게 떨어지면
짐승의 검은 주둥이처럼
아무 죄 없이
부끄러운 산(山)

—「낙조」

이 시는 '붉은 해'와 '산'이 지배적인 이미저리를 구축하고 있는데, 태양이 서산에 걸리는 모습을 하루치의 슬픔 한 덩이, 어둠에 드리워진 산을 짐승의 검은 주둥이로 각각 문자 재현을 한 것이다.

저 물비늘

해변에 막 닿은

파닥이는 마음

뭐라고 응대해야 할 것 같은데

아직 말을

익히지 못한 나는

엉거주춤 붉은 얼굴

—「파도」

이 시는 앞의 시와는 달리 '언어 너머 시'를 문자 재현하는 과정에서 화자의 개입이 강하게 이루어진 경우다. 1~3행은 디카로 찍은 순수 형상이고 4~7행까지는 그 형상에 대한 화자의 반응이다.

「파도」가 '언어 너머 시'에 대한 화자의 반응이 매우 뚜렷이 드러난다면, 「낙조」는 그렇지 않은 것이다. 결국 디카詩는 「낙조」와 같이 화자가 사물의 입이 되어 '언어 너머 시'를 순수하게 문자 재현하는 것이 바람직한 바이지만 「파도」와 같이 재현 과정에서 화자의 서정적 개입이 불가피하게 드러날 수도 있는 것이다.

2

앞에서 지적했듯이 디카詩의 매혹에 빠지면서 2004년 4월 초순부터 6월 중순 무렵까지 '언어 너머 시'의 노다지를 경험할 수 있었다. 출근길이나 퇴근길, 혹은 산책길, 혹은 연구실 어디서든지 '언어 너머 시'가 보인 것이다. 그때마다 순간 순간 디카로 찍었다. 위험천만하게도 운전 중에도 이 작업은 멈추지 않았다. 많은 디카詩가 운전 중에 포착된 것이었음을 이 자리에서 실토한다.

비 내리는 봄날 늦은 오후
구형 프린스는 통영 캠퍼스로 달린다
차창을 스치는 환한 슬픈 벚꽃들 아랑곳하지 않고
쭉 뻗은 고성 가도(固城 街道)의 가등은
아직 파란 눈을 켜고 있다

—「고성 가도(固城 街道)」

 이 시는 통영분교의 수업을 위해서, 마산에서 통영으로 구형 프린스를 운전하고 가다가 고성 가도를 경유할 때 순간적으로 포착한 것이다. 한 손으로는 운전대를 잡고 나머지 한 손으로 찍었기 때문에 매우 위험할 수 있는 상황이다. 이런 위험을 무릅 쓰지 않고는 순간적으로 드러나는 시의 형상을 포착하기가 어렵다. 원래

시는 오래 머무르고 기다려주지 않는다. 미확인비행물체처럼 번쩍하고 순간적으로 사라져버릴 때가 많다. 고성터널을 막 진입하려고 하는데, 길가의 벚꽃들이 흐드러지게 피어 있는 것이다. 잠시 멈추어서 그 아름다운 순간을 만끽하고 싶었지만 머물 수가 없었다. 뒤에 따라오는 차량도 차량이지만 한가하게 머물 수 있는 시간적 여유도 없었다. 저녁 6시 30분부터 수업을 해야 하기 때문이다. 그럼에도 불구하고 흐드러진 벚꽃들이 며칠을 견디지도 못하고 벌써 한 잎 두 잎 차도로 떨어져 내리는 그 애잔한 풍경은 내 마음을 끌어당기는 것이 아닌가. 그런 마음으로 고성터널을 통과하니까, 쭉 뻗은 고성 가도의 가등은 아직도 파란 눈을 켜면서 빨간불이 들어오기 전에 머물지 말고 어서 통과하라고 손짓하는 것처럼 보인다. 삶이란 너무 야속하고 빡빡하지 않는가. 애잔한 벚꽃들을 위무해 줄 잠시의 틈도 주지 않는다.

「고성 가도」, 「코흘리개 아이」, 「구도」, 「낙조」, 「비 오는 날」, 「판타지」, 「매립지」, 「빗방울」, 「오월 도심」, 「신호등이 있는 풍경」, 「터널」, 「다비」, 「사람」, 「교직」 등은 모두 운전 중 혹은 신호 대기 중 순간적으로 포착한 것이다. 이들 디카시는 출퇴근길, 혹은 통영 분교 수업, 혹은 진주 화요문학회 모임 등으로 분주하게 구형 프린스를 운전하고 다니면서 포착한 것이다.

전에 어느 글에서 밝힌 바대로 구형 프린스는 분신과도 같다. 고등학교 교사 노릇을 그만두고 시간강사 시절부터 오랫동안 함께한 차가 바로 구형 프린스다. 이 낡은 차가 디카詩를 포착하는 데도 결정적 역할을 한 셈이다. 또한 삶의 주요한 공간인 대학 연구실도 디카詩의 산실이다.

실내의 야생화라
곁에
다소 어울리지 않을 듯한
황금돼지, 그리고 고단위비타민제
왼쪽에는 충전기도 보인다
창밖에는 채플과 강의동
참, 난해한 인생이라는 코드

—「코드」

이 시는 연구실의 한 풍경을 찍은 것이다. 이 공간 속에서 거의 매일 상주하며 책을 읽고 시를 쓰곤 한다. 내 연구실은 무한한 영감의 원천이라고 해도 좋다. 아무에게도 간섭받지 않는 공간에서 무한한 상상의 날개를 펼치는 것이다. 「코드」, 「봄밤」, 「대엽풍란」, 「버섯」 등은 연구실과 그 주변 풍경을 담은 것이다.

3

그러나 무엇보다 이번 디카시집에서는 고향집과 그 주변 풍경이 중요한 이미저리로 자리하고 있다. 1989년 시인으로 등단하고 난 뒤로 고향을 테마로 한 시를 제대로 쓰지 못한 것이 못내 아쉬움으로 남아 있었는데, 이제 마음의 부담을 덜 수 있는 계기를 마련한 것 같다.

내가 항상 고향에 연연해 하는 것은 여러 가지 이유가 있겠지만 고향이야말로 시의 탯줄이기 때문이다. 어느 시인이든 마찬가지겠지만 고향은 정서와 가치관 형성의 단초가 아니겠는가. 그렇다면 고향집 앞의 교회당과 하천, 저수지 그리고 산야는 내 시의 기름진 토양이라고 할 것이다.

하늘 화폭
저 음영, 저 미세한 빛 부심 아 아 그래 그래 신의 터치야
그래 그래
화가는 신의 이데아를 모방하는 거야

―「십자가 첨탑」

  이 시는 시골집 마당에서 찍었다. 내 의식이 생기자마자 교회당 앞마당이 놀이터였으니 무의식적으로나 자연발생적으로 내 의식 속에 저 십자가가 견고하게 자리하지 않았겠는가. 십자가는 내 사상의 가장 기초적인 토대이고 이것이 발전하여 나의 세계관과 역사관, 가치관을 형성하게 되었던 것이다.

이름 모를 꽃나무가 드리워진

녹색의 녹색

근심 없는

벌들만 잉잉거리는

산중 허니문

나무꾼과 선녀가 잠시

머물렀을 것 같은

—「빈집」

  나는 산책을 즐긴다. 특히 시골집 주변을 고야와 산책하면 명경지수(明鏡止水)에 가까운 고요한 심경이 되어서 좋다. 무심으로 산길을 산책하다 보면 마음의 평화가 나도 모르는 사이에 깃든다.

산길을 제법 깊이 올라갔더니 '빈집'을 만나게 되었다. 아마 밤나무 관리를 위해서 지은 집 같은데 사람이 살지 않아 폐허로 변해 있었다. 그런데, 자세히 보니 그곳에 벌들이 서식하고 있었다. 양봉하던 벌들이 분봉을 하여 깊은 산속에 거처를 잡은 것이다. 나는 석청을 발견한 셈이다. 올겨울이 되면 나만 아는 그 장소에 가서 꿀을 채취하리라. 그 생각만 해도 흐뭇해지는 것이다. 산길에서 '빈집'을 만나 디카詩도 한 편 얻고 석청도 얻게 되었으니 일거양득이 아닌가. 이처럼 시골집과 그 주변에서 만난 디카詩는 잃어버렸던 유년 시절의 추억으로 돌아가는 큰 즐거움을 안겨주었다. 「물풀」, 「쪼그리고 앉은 산」, 「봄산」, 「나무」, 「평화」, 「장날」, 「달」, 「병든 나무」, 「보르네오섬의 산타」, 「꽃」, 「올챙이」, 「제비 새끼」, 「제비 어미」, 「늪」, 「산딸기」, 「청개구리」 등도 모두 고향집과 그 주변 풍경에서 얻은 것이다.

위와 같이 디카詩 속에 고향집과 그 주변 풍경이 대거 들어오게 되었고, 디카시집 제목도 '고성 가도(固城街道)'라고 했으니, 전보다는 떳떳하게 '경남 고성 출신 시인'이라고 밝힐 수 있지 않겠는가.

4

얼마 전 우리 대학 미술과에 재직하다 사직을 하고 전업작가의 길로 나선 모 교수 미술전시회에서 여행 스케치한 그림 한 점을 구입했다. 미술전시회를 다녀오면서 나는, 화가들은 여행하면서 가볍게 스케치한 것을 표구하여 작품으로 판매도 하는데, 시인들도 여행스케치 시를 쓰고 그것을 전시할 수는 없을까라는 생각을 했다. 그때 디카詩는 일종의 스케치 시로서도 가능성을 지닐 수 있겠다고 판단했다. 디카로 찍고 문자로 현상하고 그것을 다시 표구하여 전시회를 하면 예술상품으로 고부가가치를 지니지 않겠는가.

앞으로 뜻을 같이 하는 사람들과 디카詩 동인을 결성하여 화가들이 스케치 여행을 하듯이 디카詩 쓰기 여행도 하고 그것을 예술작품으로 표구하여 디카시전도 해보고 싶다. 요즘 시집이 잘 팔리지 않기 때문에 쉽게 시집 출간을 해주려고 하지 않는 현실이다. 시인들도 화가들처럼 가칭 디카시전 같은 것을 하여서 적극적으로 작품을 판매하면서 스폰서를 마련해야 할 것이다. 이 같은 시도가 시인을 위한 메세나 운동의 시발이 될 수는 없을까.(이상옥 디카시집 『고성 가도(固城 街道)』, 문학의 전당, 2004년 9월 '후기')

디카詩의 가능성과 창작방법

1. 머리말

나는 근자에 사이버 문학서재(http://member.kll.co.kr/lso)에서 가칭 '디카詩'라는 명칭으로 연재를 하고 그것을 2004년 9월 15일 '문학의전당'에서 디카시집 『고성 가도(固城 街道)』를 출간한 바 있는데, 이 시집 후기에서 "디카詩는 '언어 너머 시'를 디지털카메라로 찍어 문자로 재현한 시다. 따라서 '디카詩'는 단순한 시와 사진이 조합된 시사진(시화)이 아니다. 디카로 찍은 사진은 '언어 너머 시'다."라고 디카詩에 대한 개념을 간략하게 정의한 바가 있다.

디카詩 및 디카시집은 내가 처음 명명하는 새로운 문학 용어인 셈이다. 기왕 디카詩라는 개념이 이미 빛을 보았고, 또한 디카시집을 읽고 다양한 반응이 드러나고 있는 현 시점에서, 디카詩에 대한 논의를 구체화시켜 보고자 한다.

2. 멀티미디어 시대

20세기에서 21세기로 넘어오면서 미디어가 혁명적 변화를 일으키고 있다는 것은 주지하는 바다. 15세기 쿠텐베르크가 금속활자를 사용하여 인쇄술을 개발한 것을 두고 쿠텐베르크 혁명이라고 일컫는데, 이것은 미디어의 급격한 변화를 가져오게 함으로써 중세사회를 무너뜨렸다고 할 만큼 사회 전반에 커다란 영향을 미친 것이다.

작금의 뉴미디어인 멀티미디어의 영향력도 쿠텐베르크의 혁명에 버금갈 만큼 사회 전반에 영향을 미치는 가운데 문화예술에도 큰 충격을 주고 있다. 맥루한이 1960년대에 활자 시대로부터 전자 시대로 사회가 진화하는 과정에서 문화 변용을 예언한 바대로, 새로운 멀티미디어 시대의 문화예술은 이미, 변화의 국면에 접어들었다.

활자 시대를 넘어 전자 시대를 연 뉴미디어로서의 멀티미디어는 이질적인 커뮤니케이션 양식들의 융합과, 정보의 디지털화와 시각화, 종합화, 정보 전달의 상호 작용성 등으로 특징되고 있는데, 멀티미디어가 기존의 커뮤니케이션 환경에 광범한 변화를 일으키고 있는 가장 큰 이유는 정보의 내용과 형식, 그리고 전달 방식이 기존의 아날로그 방식의 미디어와 뚜렷이 구별되는 디지털 방식으로 통합하여 전달하는 점 때문이다. 디지털화한 멀티미디어는 정보의 형식면에서 이전까지 각기 별개의 미디어를 통해서 전달 가능하던 영상과 음향, 문서, 데이트를 통합하여 하나의 정보체로 전달할 수 있는 특징이 있다. 예를 들어 문자 정보는 주로 활자의 형태로, 영상 정보는 텔레비전이나 사진, 필름의 형태로, 음향 정보는 전화나 음반, 녹음기 등으로 전달되었지만, 멀티미디어 환경에서는 이들 정보를 하나의 미디어를 통해서 통합적으로 전달하는 것이 가능하다. 이 같은 통합적 정보가 전달되기 위해서는 초고속망 정보통신망이 구축되어야 하는데, 이미 통합적인 커뮤니케이션망의 대표적 사례인 인터넷이 상용화되어서 전세계의 가정과 기업, 정부기관을 하나의 커뮤니케이션망으로 연결하고 있어, 이미 인터넷이 일상적 커뮤니케이션 활동의 중추적 기능을 하고 있는 것이다.[1]

이런 새로운 환경 속에서 문자 문화의 대표격인 문학이 위기를 맞은 것이다. 이 점과 관련하여 문화일보의 설문조사 결과, 대학생들의 문학과 영상매체와의 수용 실태는 문학을 전공하는 대학생 역시 문학(문자 문화)보다는 영화(영상 문화)의 수용에 훨씬 적극적이라는 점이다. 조사 대상자 255명 중에서 소설 『반지의 제왕』을 다 읽은 학생은 30명에 불과하지만, 영화로 본 경우는 201명에 달한다는 것이다. 영화나 TV, 인터넷에 몰두함으로써 그들로 하여금 책과 함께 행복한 몽상에 빠지는 시간들을 앗아가는 것이 엄

---

1) 김영석, 「멀티미디어 시대의 새로운 케뮤니케이션 양식」, 이현조·최정호 공편, 『커뮤니케이션의 유토피아?』(나남출판사, 1997), pp.80~83.

연한 현실이다. 따라서 이제 문학은 문화의 중심이나 전위라기보다는, 모든 문화에 '사유의 수로'와 현실적 성찰을 제공하는 자양분 정도에 머문다고 본다. 이것이 문학 위기의 현주소가 아닌가.[2]

이 같은 문학의 위기는 문자문화에서 디지털 문화로 이행되는 과정에 발생한 것이다. 디지털 매체의 통합적인 성향은 구비문화, 문자문화에 뒤이어 인간의 오감에 동시에 호소하는 다 매체 성향을 띄는 디지털 문화 속성 때문에 종래의 문자문화의 정점에 있던 문학이 이 새로운 매체의 등장에 당황하는 것은 무리가 아니다.

이런 상황에서 문학은 어떻게 대응을 해야 할 것인가? 변하지 않는 인문정신, 그리고 문학에 대한 정의 때문에 정말 할 수 있는 부분, 정말 해야 할 수 있는 일을 놓치고 있어야 할 것인가. 이런 관점에서 최혜실 교수는 이제 문학은 변화된 환경에서 스스로 '몸바꾸기'를 해야 할 때라고 지적한다. 최 교수의 지적과 같이 이미, 이 새로운 매체를 기반으로 하는 '글쓰기'가 등장하고 있고, 이 방식을 좀더 끌어올리려는 노력이 필요한 시기가 바로 지금이다. 이런 상황에서 새 시대의 글쓰기는 이전처럼 문자에만 국한되어서 안 될 것임은 주지하는 바다.[3]

---

[2] 권성우 객원기자(숙명여대 인문학부 교수), 『문화일보』 2003. 5. 29.
[3] 최혜실, 『디지털시대의 문화 읽기』(소명출판사, 2001), pp.6~17.

3. 시와 디지털카메라

멀티미디어 시대에 시가 이미 영상, 음향, 문자 등과 어우러지면서 멀티포엠 같은 새로운 형태를 띄기도 하지만, 내가 최근에 새롭게 시도하고 주목하는 것은 시를 쓴다는 개념을 넘어 시를 디지털카메라로 찍는다는 개념이다.

디카(디지털카메라)는 새로운 세대에게는 펜의 역할을 대신하고 있다. 좀 더 적극적으로 말하면, 이제 네티즌들은 펜으로 일기를 쓰는 대신에 디카로 하루의 일상을 찍어 인터넷 사이버 공간에 올려 놓는다.

언어의 자리에 이미지가 들어앉았다. 이미지는 언어보다 훨씬 쉽게 만들어지고, 훨씬 쉽게 공유된다. 일등공신은 디지털카메라. 디지털카메라는 우리와 일상을 더욱 가깝게 만들었다. 우리는 펜 대신 디지털카메라로 일기를 쓰고, 디카는 기억에만 의존하던 일상의 풍경들을 순간순간 세분화해 우리 눈앞에 펼쳐놓는다. 기계 용량이 허락하는 한 우리는 눈이 닿는 모든 풍경들을 바로 현재인 듯 불러낼 수 있다.

글을 쓰고 그림을 그리는 작가는 어떤 쪽이냐 하면, 아무래도 아날로그식이다. 보고 느낀 것, 생각한 것을 재현하고 스스로 구현하기 때문이다. 그림의 경우, 산업혁명과 함께 출현한 사진기는 한때 '실물을 보는 것처럼 똑같이' 그리던 작가들을 밀어내고

회화의 영역을 되묻게 했다. 그러나 디지털카메라가 일반화된 요즘, 작가들은 더 이상 수동적이지 않다. 디지털을 적극적으로 받아들여 여러모로 활용하고 있는 것이다.[4]

일상적 삶을 펜으로 쓰는 대신 디카로 찍는 것이 오늘의 글쓰기의 새로운 풍경임을 부인 할 수 없다.

이런 상황을 직시하고, 나는 뉴미디어 시대에 새로운 시의 가능성을 디카에서 찾아보려고 한 것이다.

여기서 최근 문덕수의 시관 변화를 상기하고자 한다. 문덕수 시인이 수정증보판 『오늘의 시작법』[5]을 내면서 "이 책을 처음 쓸 무렵, 저자는 시를 '언어예술'이라고 믿어왔다. 그런데 세월이 갈수록 이 말을 의심하게 되었고, 최근에 와서는 '시는 언어예술이면서 언어를 넘어선다'는 나름대로의 믿음을 갖게 되었다."고 시에 대한 새로운 명제를 제시한 바 있는데, 이 명제는 문덕수가 '언어 이전의 사물'과 그러한 '날것'에 대한 순수직관이 더욱 중요하다는 사실을 깨달은 데서 나왔다.

결국 언어 이전의 사물이란 '사유 이전의 사물'을 포착한 것으로 그것이 진실이나 진리로 다가가는 바른 길이라는 것이다. 그는 '시는 언어예술이 아니다'라고는 할 수 없지만, 시는 '사물의 인식이다'라고 말할 수 있다는 논리로 '시는 언어예술이면서 언어를

---

[4] 진영원, 「디지털카메라 예술작품 속으로」, 『경남도민일보』 2004. 6. 1.
[5] 문덕수, 『오늘의 시작법』(시문학사, 2004)

넘어서야 한다'라는 명제가 가능하다고 보았다. 그러면 언어예술이면서도 언어를 넘어서야 한다는 것은 무슨 뜻이냐 하면, 언어를 개입시키지도 말고 또 매개로 하지도 말고 언어 이전의 사물을 있는 그대로 보고 듣고 체험해야 함을 강조한 것이다.

즉, 사물의 自相 체험이 선결조건으로 그것은 순수 직관의 일종으로, 마치 디지털카메라가 필름(즉 언어) 없이 사물을 포착하는 것과 같다고 본다. 문덕수는 이런 관점에서 '탈관념'이라는 슬로건을 내고 언어 이전의 사물세계를 강조하는, 오진현이라는 시인을 주목하고 있다. 오진현은 21세기의 오늘을 아날로그 시대가 아니라 디지털 시대라는 점에 유의하면서 '念寫', '接寫', 즉 쓰는 것이 아니라 '찍는다' 등의 새로운 용어를 만들어 내면서 또다른 모험을 시도하고 있는 시인이다.

오진현은 「디지털리즘 선언」에서 "지금까지 아날로그 시대의 시가 '기술' 또는 '자동기술' 하는 것이라면, 미래의 디지털 시대의 시는 기술하는 것이 아니라 '염사(念寫)' 또는 '접사(接寫)'의 '찍는다'는 행위로 구분 짓는다.… 언어로 '기술' 또는 '자동기술' 하다 보면 생각이 들어가고 의식이 들어간다. 그러므로 시인의 생각과 의식을 배제시키는 방법으로 언어 이전의 언어(사물언어)로 사물을 사진 찍듯이 찍는다."고 선언하고 있는데, 이는 디지털 시대의 시가 언어 이전의 언어로 사물을 찍는 것, 즉 염사(심리세계의 사물을 찍는 것), 접사(바깥세계의 사물을 찍는 것)하는 것임을 강조하는 것이다. 이것이 오진현이 말하는 '탈관념의 시론'의 핵심 원리다.

　오진현의 탈관념은, 문덕수 시인이 「사물과 언어의 만남」[6]에서 글을 쓴다는 것은 사물을 보고 느끼고 생각한 것을 나타내는 것이지만 사람에 따라 모두 다르게 표현한다고 전제하고 무릇 시인은 이런 가운데 사물의 참된 모습과 의미를 더듬고 찾으려는 노력을 아끼지 않는다면서 사물의 진실한 모습은 '언어 이전의 사물' 즉 하나님이 인류 최초의 남자 아담에게 모든 동물의 이름을 짓게 했을 때 그 이름을 지어주기 전 사물의 모습과 같은 맥락이다. 그렇다면 하나님이 창조한 후 아담이 이름을 짓기 이전까지의 사물의 모습은 아담 이후 수많은 시인들이 지어준 이름을 넘어서야 만날 수 있다. 이런 관점에서는, 시를 쓴다는 것은 수많은 인위적 이름을 넘어서서 사물의 참된 모습, 사물의 참된 의미를 더듬고 찾으려고 노력하는 것에 다름 아니다.

　궁극적으로 문덕수가 '언어 이전의 사물'과 그러한 '날것'에 대한 순수직관이 더욱 중요하다고 강조하는 것은, 시는 언어 이전의 '사물의 인식이다'이라는 관점에 기인한다. 물론, 오진현이 주창하는 '탈관념의 시론'도 문덕수의 앞서 제시한 명제에서 출발하고 있는 것이다. 그러나 오진현의 탈관념의 시론이 '기술' 대신 '찍는다'라는 논리를 내세워 관념을 배제하고 언어 이전의 사물의 본질에 접근하고자 하지만, 그것 역시 언어로만 보여줄 수밖에 없는 것이기에 일정한 한계를 지닐 수밖에 없다.

---

6) 월간 『시문학』 2002. 3.

시가 언어 이전 혹은 언어 너머의 사물에 대한 순수 직관적 인식이라고 하면, 언어 너머의 사물을 언어의 매개 없이 순수 직관으로 찍어서 보여주는 방법이 가장 효과적이다.

그렇다면, 여기서 시와 디지털카메라의 접점으로서 디카詩가 발생할 수 있는 가능성을 발견할 수 있다.

4. 디카시의 개념과 존재 방식

1) 개념

나도 시가 경우에 따라서는 이미, 언어 너머에 존재하고 있다고 인식하고 있었다. 그것은 시가 시인의 상상력으로 시적 대상을 예술적으로 재구성, 혹은 변용시켜 창조하는 것이기도 하지만, 이미 언어 이전에 시의 형상이 존재해 있는, 가칭 '날시(raw poem)'도 상정해 볼 수 있다. 그래서 시는 언어 너머의 사물이 '날시(raw poem)'로 드러날 때 그것을 그대로 인식하고 포착하는 것일 수도 있는 것이다. 사물은 문화라는 이름의 인위적인 것 때문에 오염되고 때로는 왜곡된 것이다. 따라서 언어든 관념이든 무엇이든 그것이 개입되지 않은 태초의 사물에서 그 본질은 드러난다고 볼 수 있다.

그러면, 앞에서 지적한바대로 시가 관념, 언어 등의 장벽을 헤치고 태초의 사물, 곧 '날시'를 인식하는 것이라면 그것을 어떻게 포착하느냐가 문제다.

　여기서 관념이나 언어 이전의 '날시'를 순수 직관의 디지털카메라로 찍어 그대로 문자로 재현하는 방법을 예상할 수 있는데, 그것을 '디카詩'라고 명명하는 것이다. 이것은 단순한 시와 사진이 조합된 시사진(시화)이 아님은 물론이다. 디카詩가 특정 장소에서 언어 너머의 시, 곧 '날시(raw poem)'를 순간적으로 포착하여 문자시와는 달리 짧고 압축된 시간에 문자로 재현한다는 측면에서 시사진과는 달리, 날시성(feature of raw poem)을 띠면서 '극순간성', '극사실성', '극현장성', '극서정성'을 드러내는 것이다. 이는 디카시론에서 매우 중요한 개념으로 다루어져야 한다. 결국, 디카詩의 주요 특성인 날시성은 디지털시대의 대표적 문명의 이기인 디지털카메라의 속성, 곧 종래의 필름으로 현상하는 사진과는 달리 즉석에서 찍어 그 형상을 곧바로 볼 수 있고, 또한 인터넷상의 사이버 공간에도 바로 영상을 올릴 수 있는 첨단성에 기인하는 것이다.

　2) 존재 방식
　디카로 언어 너머 시, 곧 '날시(raw poem)'를 찍어 문자 재현한 디카詩는 세 가지 국면으로 나타난다는 점에서 특별한 존재 방식[7]을 지니는 셈이다.
　나의 디카詩 창작 작업을 토대로 논의를 진행하도록 하겠다.

---
7) 하나님은 한 분이지만 성부, 성자, 성령의 삼위로 나타나는 것과 같다.

나는 출·퇴근하는 길이나 혹은 산책할 때, 시의 형상을 순수 직관으로 발견할 때가 있다. 그때 그 형상을 디지털카메라로 순간 포착하는 것이다. 디카는 일반 사진기와는 달리, 그것을 즉석에서 인터넷상에 올려서 볼 수가 있기 때문에, 순수 직관으로 포착한 언어 너머의 형상이 날 이미지로 생생하게 재현되는 것이다.

예컨대, 2004년 4월 중순경 진주로 향하는 남해고속도로에서 낙조가 지는 모습을 순수 직관의 디카로 포착하였다. 그 형상은 관념이나 언어 이전의 순수한 사물의 참된 모습이고, 시의 형상이었던 것이다. 디카에 포착된 형상을 보고 문자로 다음과 같이 재현하였다.

하루치의 슬픔 한 덩이
붉게 떨어지면
짐승의 검은 주둥이처럼
아무 죄 없이
부끄러운 산(山)

―「낙조」

　디카에 포착된 형상을 어떻게 언어로 재현하는가는 전적으로 시인의 주관적 인식에 근거한다. 위의 시는 서산으로 저물어가는 태양의 이미지를 '하루치의 슬픔 한 덩이'로, 포착된 검은 산 일부는 짐승의 주둥이처럼 아무 죄 없이 부끄러운 이미지로 각각 형상화한 것이다. 낙조의 이미저리에서 존재의 슬픔을 읽은 셈이다. 이는 매우 단순한 코드로 되어 있지만, 언어 너머 풍경의 여백은 언어로 재현된 이상의 다양한 의미를 함의하고 있는 것임은 물론이다. 또한 사물이 언어화된 것도 겉으로 보기에는 매우 단순한 것 같지만, 역시 시적 언어로서 다양한 의미와 정서를 내포하고 있다. 순간적인 영상과 압축된 언어로 병치된 디카詩는 시의 본질에 해당하는 '즉흥성', '의외성', '순간성', '응축성' 등이 고스란히 담겨 있는 것이다. 디카詩는 언어로 못다 드러낸 여백(사물)마저도 오히려 시적이게 한다는 점에서 더욱 매혹적이다. 따라서 디카로 포착한 '날시(raw poem)'를 문자로 재현하는 과정에서도 가능하면 많은 여백을 남겨두고 최소화해도 좋다.

한편, 일상인들이 미처 끌어내지 못한 언어 너머에 존재하는 사물의 진실을 문자를 따라 읽는 재미도 디카詩가 가진 미덕이 아닐 수 없다.

이와 같이 나는 디카로 찍은 언어 너머의 시, 곧 날시를 문자 재현하고서는 곧바로 인터넷 서재(http://member.kll.co.kr/lso/)의 '연재코너'에 올린 것이다. 이로써 온라인상의 디카詩의 한 국면이 이루어진 것이다.

그런데, 이 디카詩는 온라인 상에서만 유효한 것은 아니다. 나는 인터넷 서재에 50편의 디카詩를 연재하고서 그것을 종이시집으로 국내 최초 디카시집 『고성 가도(固城 街道)』(문학의전당, 2004. 9. 15)를 출간하기에 이른 것이다. 이 시집을 두고 『부산일보』 최학림 기자는 디지털과 아날로그의 만남이라고 기사화한 바 있다. 최 기자의 지적처럼 온라인상의 디카詩는 디지털의 산물이지만, 디카詩를 오프라인상에서 종이책으로 출간하면 아날로그적이 될 수도 있는 것이다. 그러나 앞에서도 잠시 지적한 바이지만, 종이책으로 출간한 디카시집 『고성 가도』가 겉으로 볼 때 기존의 포토시집과 다를 바 없는 듯이 보이지만 디카詩의 형상화 방법이, 언어 너머 시를 포착하고 그것을 재현한다는 점에서 다르고, 또 한편으로 온라인과 오프라인에서 함께 공유하는 것에서도 다른 국면이다. 기존의 포토시집이 아날로그 양식이라면 디카시집은 디지털과 아날로그를 포괄하는 새로운 개념의 시집이다.

그리고 이 종이책으로 된 디카시집은 단순히 사진과 문자를 병용한다는 개념을 넘어서 미려한 디자인 개념을 도입하고 있다. 칼라사진에다가 전문디자이너가 사진과 문자의 미적 배합을 했기 때문에 그 자체가 하나의 예술적 효과를 거두고 있다. 디카시집은 하나의 작품으로 소장할 만큼의 가치를 지닐 수 있도록 세심한 미적 배려를 한 셈이다.

여기서 한 걸음 더 나아가 디카詩 한 편을 그림과 같은 하나의 시각적 예술품으로 제작할 수 있다.

이와 같은 구상은 현재 하나하나 현실화되고 있다. 나는 먼저, DAUM 카페에 '디카詩 마니아'를 개설하였고, 디카詩 작품의 표구까지 시도해 보고 있다. 미려한 편집으로 디자인된 기왕의 시집 파일을 출판사로부터 건네 받아 개별 작품을 적당한 크기의 작품으로 확대 인쇄하여 거기에다 자필 서명을 하고 표구하여 판매까지 가능한 하나의 예술작품으로 제작하는 것이, 이른바 디카시의 세 번째 국면의 일례가 되는 셈이다.

5. 맺음말

이미, 사이버 공간에 사진과 시가 어우러진 형태의 것들이 존재해왔었지만, 그것들은 여전히 시화의 개념이나 아니면 멀티포엠이라는 개념에 묻혀 있었다고 할 수 있다. 그러나 디카詩는 언어 너머의 시, 곧 '날시(raw poem)'를 찍어 문자로 재현하고 그것을 사이버 공간이나 종이책, 혹은 전시될 수 있는 예술품으로 존재하는, 기존의 방식과 다른 새로운 시의 장르라는 점에서 가능성을 지닌다. 그럼에도 불구하고 디카시집 『고성 가도』를 중심으로 「디카詩의 가능성과 창작방법」에 대한 논의는 아직 詩論에 불과하다.

디카詩가 젊은 층에서 이미, 펜 대신 디카로 일상을 찍는 것이 일상화되어 가고 있는 디지털 시대에 새 시대를 담은 중요한 문학의 한 장르로 부상할 수 있는 충분한 가능성을 지니고 있는 것임을 염두에 두고, 나의 디카詩 공론화를 계기로 디카詩에 대한 논의가 확산될 수 있기를 기대한다.(국제어문학회 가을학술대회 발표논문 2004년 10월 16일 목원대학교)

디카詩의 쟁점과 정체성

1. 공론화

디지털 시대 문학은 큰 소용돌이 속에 휩싸여 있다. 아날로그 시대와는 달리, 디지털 시대 문학은 영상, 음악, 테크놀로지 사이의 활발한 소통이 이루어지면서 문학의 새로운 몸 바꾸기가 진행되고 있다.

그중에서 나는 시와 디지털카메라의 접합인 '디카詩'(디카포엠, dica-poem)라는 새로운 시 장르 개념을 제시한 바 있다. 국내 최초로 '디카시(dica-poem)'라는 새로운 시문학 용어로써 인터넷 서재(http://member.kll.co.kr/lso)에 2004년 4월 2일부터 8월 6일까지 연재한 후, 2004년 9월 15일에는 '문학의 전당'에서 디카시집 『고성 가도(固城 街道)』를 출간하였고, 또한 2004년 10월 16일에는 목원대학교에서 열린 국제어문학회 가을 학술대회에서 「디카詩의 가능성과 창작방법」이라는 디카시론을 발표한 바 있다.

내가 제시한 디카詩의 개념을 간략하게 요약하면, 디카詩는 언어 너머의 시, 곧 '날시(raw poem)'를 디지털카메라로 찍어 문자 재현하는 방식이고, 일반 문자시에 비하여 날시성(feature of raw poem)을 드러내면서 극순간성, 극현장성, 극사실성, 극서정성이 우세하다는 것이다. 그리고 디카詩의 존재 방식은 세 가지 국면으로 제시했다. 첫째, 사이버 공간에서 존재하고 둘째, 일반 문예지에 게재되거나 시집 형태로 존재하며 셋째, 가칭 디카시전 같은 전시회장에서처럼 표구되어 그림처럼 개인적 소장이 가능한 예술품 형태로 존재한다는 것이다.

위와 같은 논지로 「디카詩의 가능성과 창작방법」을 '국제어문학회'에 발표했을 때, 토론자인 이승이는 '디카詩'라는 명칭은 시를 창작하고 공부하는 입장에서 매우 생소한 명칭이기 때문에 더욱 흥미롭게 해주었고, 한편으로는 시문학에 대한 많은 고민을 하게 해 준 계기가 되었다면서 몇 가지 중요한 의문점을 제시한 바 있다. 그중에서도 눈길을 끄는 것은 종이책으로 출간된 '디카詩' 『고성 가도(固城 街道)』와 다른 '디카詩'(신현림의 『세기말 블루스』나 『해질녘에 아픈 사람』)과 다른 점은 무엇인가이다. 그리고 또 하나 사이버 공간 안에는 '디카詩'라는 명칭을 사용하지는 않았지만 '디카시'와 유사한 형식으로, 디카로 찍은 사진과 그 사진에 대한 간단한 내용들이 들어가 있는, 특히 시적인 언어들로 표현된 경우도 '디카시'라고 볼 수 있는지에 대한 물음이다.

이승이의 위의 두 가지 질문은 디카詩의 정체성과 관련된 것으로 매우 중요한 질문이다. 디카詩가 디지털 시대의 새로운 장르로 자리를 잡기 위해서는 이들 물음을 피해갈 수는 없다.

김태진은 2004년 10월 30일 충북 초정약수파스텔에서 열린 시문학세미나 주제「21세기 한국시의 좌표」에서 나의 「디카詩의 가능성과 창작방법」을 참조하면서 디지털카메라로 사진을 찍고, 그 사진을 기본 매개로 하여 시를 탄생시킨다는 디카詩가 기존의 詩畵詩나 동영상시를 종합화한다는 데에서 그 의미를 둘 수 있다면서 디카詩를 21세기 한국시의 한 좌표로 설정하였다. 그런데 김태진이 디카詩의 가능성을 인정하고 21세기 미래시의 한 유형으로 설정한 것은 고무적이지만, 그의 지적대로 디카詩가 시화시(詩畵詩)나 동영상시를 종합화하는 것인가에 대해서는 의문의 여지가 없지 않다.

한편, 디카시집『고성 가도(固城 街道)』에 대한 두 편의 인상적인 서평이 문예지에 실려서 디카詩에 대한 관심을 촉발시켰다. 김정희가『다층』2004년 겨울호에 게재한「고성 가도, 극순간을 달리다」와 박서영이『시와상상』2004년 하반기호에 게재한「직관이 불러온 詩를 받아쓰다」가 바로 그것이다. 이들은 디카詩에 대한 독후감적 서평이다. 서평을 쓴 두 사람은 우리 시단에 다같이 주목받는 시인인 바, 이들이 디카詩라는 새로운 시 장르에 대해서 긍정적 시선을 준 것은 디카詩의 가능성을 활짝 열어주는 고무적인 사건(?)이라 할 만하다.

김정희는『고성 가도』가 여느 시사진집처럼 사진과 시의 병치로 구성되어 있지만, 무엇이 무엇에 예속됨 없이 서로 기분 좋은 마찰음을 내며 직조된 가운데 나직하게 자기 말들을 하고 있다면서, 작가의 눈에 포착된 순간 이미지가 시집 안으로 들어와 자리 잡고 그 사진들과 마음이 불러주는 말을 그대로 받아 기술한 시편들은 원시성을 간직한 모습 그대로 존재한다고 보았다. 또한 『고성 가도』가 일반 사진작가가 어떤 구도로 어떻게 찍어 표현할 것인가 하는 방법론에 치중하는 것과는 달리, 피사체를 포착하는 '극순간'에 초점을 두면서 물리적인 왜곡이나 변형 따위의 제 손질을 하지 않는 순수한 사진들을 실어 사진의 본질적인 속성 중 하나인 사실성을 살림으로써 직관에 의한 순간 예술의 본질을 최대한 끌어내었다고 보았다. 그런데, 이 같은 비작위적인 행위, 즉 관념이 배제된 사물 세계의 극순간을 포착하여 그대로 보여준 행위는 디카시론의 이해를 밑바탕에 두었을 때 한결 높은 효과를 기대할 수 있다는 것이다. 이는 섣불리 디카詩 속의 날 이미지들을, 미학에 바탕을 둔 기성 시사진집 속의 것들과 단순 비교하려들 경우는 문제가 될 수 있다는 인식이다. 김정희는 디카詩 읽기는 디카시론을 전제로 해야 함을 거듭, 강조하고 있다. 디카시론이 빠른 시간에 대중에게 확산되어, 디카시집과 일반 시사진집과의 변별력도 생기고 그것을 통하여 대중들 스스로 기존 가지고 있던 '詩+사진'에 관한 고정화된 인식과 기성 통념을 허물고, 새로운 의식의 눈으로 디카詩를 바라보고 즐길 수 있어야 함을 바라마지 않는 것이다.

　김정희는 디카시집 『고성 가도』가 기존의 시사진집과 변별성이 드러남을 명확히 읽었는데, 그것은 디카詩의 원시성, 극순간성, 비작위성, 날 이미지성 등에서 시사진집과 변별성이 드러나는 것으로 본 때문이다.

박서영은 디카詩가 평생 소형 카메라만을 사용했고 있는 그대로의 이미지를 추구했으며 조명을 거부했고 사진 프린트도 다듬지 않은 브레송의 사진 철학과 닮은 점이 있다고 보았다. 그것은 디카詩가 날 이미지를 포착한다는 점과 풍경의 순수성을 그대로 재현하려도 작업 태도, 즉 기성의 문자시 상상력과 다른 직관과 풍경의 필사에 거의 가까운 행위를 염두에 둔 것이다. 이 같은 인식을 바탕으로 박서영은, 이제 세상이 아날로그에서 디지털 시대로 넘어가고 있기 때문에 세상이 변하는 만큼 다양한 예술적인 시도가 있어야 함을 전제로 디카詩가 새로운 예술 영역을 개척하고 있다는 긍정적 시선을 보인 것이다.

또 하나 주목해야 할 디카시와 관련한 공론화는 『월간문학』 2005년 2월호 권두 좌담 「21세기 우리 시, 다시 언어를 생각한다」에서 이루어졌다. 여기서 김용오는

> 요즘 갑작스럽게 쏟아져 나오고 있는 이른바 장르시라든가 멀티포엠(Multi-poem), 디카포엠(dica-poem) 등등의 언사들은 자칫 이러한 유기체의 생명에 위협이 될 수 있다는 생각에서 드리는 말씀입니다.
> 이런 경향들은 아무래도 시의 정체성을 해치는 요인들을 가지

고 있다고 여겨지기 때문인데요, 예를 들어 멀티포엠의 경우 정작 시적 모색을 통해 구현된 언어 작업이 그 밖의 다른 미디어들을 통해서도 동시에 표현된다는 것일 텐데, 그렇다면 아무래도 언어적 전언이어야 할 시가 변형되거나 왜곡, 축소될 수 있지 않을까 합니다. 그렇다고 이런 우려를 제어할 만한 다른 장치를 어디에서도 발견할 수가 없으니 말입니다. 심지어는 한 장의 그림이나 사진을 통해서 이미 구현된 메시지를 언어 문자로 설명하는 방식의 글쓰기까지도 등장할 수 있을 텐데, 그런 것까지 시라고 보기는 어렵지 않을까요?

라면서, 디카시(디카 포엠 dica-poem)에 대해서 부정적인 견해를 피력한 것이다. 이에 비해 신규호는 디카詩를 멀티포엠의 영역에서 다루면서 긍정적인 시선을 견지했다.

범박하게 말해서 한 편의 시를 다양한 매체, 그러니까 음악이나 영화, 무용, 만화 등등의 다양한 방식으로 독자에게 전달하려는 일종의 종합적인 소통 방식이라고 하면 될 것 같습니다.
그런데 이렇게 다양한 방식과 경로를 통해 시를 전달한다는 것은 단순히 활자 매체의 전달 방식을 벗어났다는 의미만이 아니라, 시대가 요구하는 방식에 맞춘다는 의미도 될 것이고요, 시쓰기의 과정이 지닌 가치를 정당하게 경제적 이익으로 환치시키려는 노력이라고 볼 수 있을 것입니다.

예를 들어 장경기 시인이 '마고 신화'를 무대에 올린다거나 고창수 시인이 '시네포엠'을 시도하는 것, 이상옥 시인이 '디카詩'라는 개념을 적극 차용하는 것도 모두 이러한 시도의 하나라고 할 수 있을 것 같습니다.

이처럼 한국문인협회의 기관지인 『월간문학』 권두 좌담에서 디카詩가 긍정적이든 부정적이든 공론화되고 있다는 것은 디카詩가 이제 서서히 디지털 시대의 시의 새로운 한 장르로 부상하고 있다는 의미로서 매우 고무적인 것이다.

아무튼 이제 디카詩는 내가 2004년 9월 디카시집 『고성 가도』를 출간한 이후 상당한 탄력을 받으면서 부상하고 있다고 볼 수 있다.

2. skr과의 토론

이제까지의 디카詩에 대한 논의에서도 드러나듯이, 디카詩는 몇 가지 쟁점을 안고 있다. 내가 오프라인에서 디카詩를 처음으로 선보인 시점이 디카시집 『고성 가도』 출간한 2004년 9월 15일이고 보니, 아직까지는 디카詩 공론화가 제대로 이루어지지 않고 디카詩 쟁점도 제대로 해소되지도 못하고 있으며, 디카詩도 일반인들에게는 생소한 실정이다.

여기서 나는 위의 논의에서 제기된 쟁점을 해소하고 디카詩의 정체성을 더욱 선명화하기 위해서 나의 인터넷 서재(http:member.kll.co.kr/lso)에서 skr(토론자 아이디)과 있었던 디카詩 토론을 소개하고자 한다.

skr이 나의 인터넷 서재 사랑방에 2004년 10월 29일 다음과 같은 글을 올림으로써 나와의 디카詩 토론이 시작되었다.

skr: 디카詩란 새로운 개념의 시 이론을 주장하시는데 존경을 표합니다. 그러나 디카詩란 개념이 무언가 새로운 충격을 주지 못하는 것은 무엇 때문일까요. 예전 사진기로 찍은 사진에 시를 쓰는 것은 사진시고 디카로 찍은 사진에 시를 쓰는 것은 디카詩라고 한다는 것이 석연치 않습니다. 디카로 찍은 사진이건 예전 사진기로 찍은 사진이건 사진으로 보이면 다 아날로그가 되는 것인데 단지 디카로 찍었다고 디카詩라고 한다면?

직관의 글을 쓰는 것과 디카사진과 도대체 어떤 연관이 있는 것인지도 이해가 가지 않고 디카로 찍은 사진만이 직관의 영상이라고 볼 수도 없고 등등? 세상을 보는 시각의 차이에서 새로운 존재 형식이 탄생된다면 새로운 개념의 디카詩가 탄생될 것도 같은데 그것이 아니고 단지 디카로 찍은 사진과 시의 합성이 디카詩다 라고 하면?

아무튼 좋은 연구 성과가 있으시길 바랍니다.

이: 먼저 디카詩에 대해서 관심을 가져주시고 고견까지 남겨주셔서 감사 드립니다. 디카詩는 아직, 완전히 정립된 개념이라기보다는 디카詩를 창작하면서 디카시론을 세워가는 과정에 있습니다. 따라서 여러 문제가 많이 제기될 수가 있고, 또한 그런 문제 제기에 대해 논의하는 과정에서 디카詩는 디지털시대의 새로운 시의 한 장르로 자리 잡을 수 있을 것입니다.

먼저 "예전 사진기로 찍은 사진에 시를 쓰는 것은 사진시고 디카로 찍은 사진에 시를 쓰는 것은 디카詩라고 한다는 것이 석연치 않습니다. 디카로 찍은 사진이건 예전 사진기로 찍은 사진이건 사진으로 보이면 다 아날로그가 되는 것인데 단지 디카로 찍었다고 디카詩라고 한다면?"이라고 하셨는데, 예전의 사진기와 디카는 다른 측면이 있습니다. 예전의 사진기는 사이버 공간에 올리기 위한 사진이 아니고 현상하여 오프라인에서 보기 위한 것이었지요. 그러나 디카는 인터넷 시대의 온라인에서 바로 영상을 볼 수 있도록 한, 멀티미디어 시대의 산물입니다. 한편, 최근의 시론에서는 염사나 접사라는 개념이 문자시에도 도입되고 있습니다. 언어의 개입 없이 사물의 본질을 찍겠다는 것인데, 그것을 디지털리즘의 시라고 하고 있습니다만, 이것도 아직 실험 단계에 있는 것으로 알고 있습니다. 이 디지털리즘의 시는 물론, 디카를 이용하는 것은 아니고 문자시에서 창작 방법론의 하나로 거론되는 것이지요.

여기서 디지털리즘의 시를 자세하게 얘기할 것까지는 없습니다만, 아무튼 예전의 사진기로 찍은 사진시는 거듭 말해, 디지털 시대의 상상력은 아닙니다. 그리고 사진시는 아무래도 사진이 시의 도우미 역할, 예를 들어서 시를 써 놓고 시에 어울리는 사진을 조합하는 것이 주류였다고 봅니다. 따라서 사진시는 사진과 시의 동일성(디카詩는 동일성의 개념) 개념이 아니라 유사성 개념이라고 봅니다. 그러나 제가 거론하는 디카詩에서는 언어 너머의 사물이나 풍경(이것을 저는 '날시(raw poem)'라고 명명합니다)을 디카로 포착하는 것 자체도 고도의 시창작 행위라고 봅니다. 여기서 한 걸음 더 나아가 디카로 포착한 영상을 언어화시키는 작업을 하는 것이지요.

이런 측면에서 사진시와 디카詩는 창작에 임하는 자세에서도 차이가 나고 그 미학에서도 차이('날시성'에서 있어서도)가 납니다. 아무튼, 기존의 문자시가 시를 고도의 상상력으로 쓴다는 개념에 있다면 디카詩는 시를 찍고, 옮긴다는 개념이 우세합니다.

디카詩와 직관 문제는, 모든 풍경이나 사물이 '날시'가 아니고 수많은, 스치는 풍경이나 사물들에게서 '날시'를 포착하는 행위 자체가 고도의 직관을 요구한다는 것입니다. 따라서 앞에서 지적했듯이 나는 디카로 사물을 찍은 행위도 직관에 의한 시작 행위의 일종으로 보는 것입니다.

skr: 명쾌한 답변은 아니었지만 고맙습니다. 그러나 아직도 석연치 않은 것은 "언어 너머의 사물이나 풍경(이것을 저는 '날시(raw poem)'라고 명명합니다)을 디카로 포착하는 것 자체가 고도의 시창작 행위라고 봅니다. 여기서 한 걸음 더 나아가 디카로 포착한 영상을 언어화시키는 작업"이라는 말씀이 분명하게 다가오지 않습니다. 디카로 포착한다는 것은 어디까지나 사진기술이지 시가 아닌데 고도의 시창작 행위라고 하는 것은 억지가 아닌가 하고, 또한 그런 영상을 언어화하는 작업이 시쓰는 것이라면 영상이 먼저고 시가 나중이라는 역전(?) 현상이 나타난다는 생각이 듭니다. 시는 어디까지나 다른 무엇보다도 시가 먼저 이어야 한다는 생각입니다.

  이: 좋은 지적 감사합니다 저는 '날시'가 일종의 노다지시라고 생각하고 있습니다. 다시 말해, '날시'는 이미 스스로 시의 형상을 지니고 있는 것이지요. 그러나 일상인들은 그 형상이 '날시'임을 발견하지 못합니다. 시인의 직관으로 그것이 날시임을 인식하는 행위 자체가 창작 행위라는 것이지요. 시를 여러 가지로 정의할 수 있지 않습니까. 사물에 대한 인식 자체만으로도 시창작 행위가 될 수 있는 것이지요. (최근에 저는 시는 언어예술이면서 언어를 넘어선다라는 새로운 시에 대한 인식에 깊이 공감하고 있습니다. 20세기의 시는 언어예술로 보았습니다만, 21세기 시는 언어예술이면서도 언어를 넘어서고 있습니다. 멀티미디어 시대에는 시는 문자 미디어에만 갇혀서는 안 될 것입니다. 이런 관점에서 디카詩는 언어예술이면서도 언어 너머의 시를 지향하고 있습니다.)
  이건 어쩌면 '발견의 시학'(?)으로 명명해도 좋겠네요 저는 '날

시'를 포착하는 것을 기술로 생각하지는 않습니다. 그리고 '날시' 를 언어화하는 것을 시의 역전 현상이라고도 생각하지 않습니다. 사진으로 포착된 '날시'도 이미 시적 형상이라고 봅니다. 그것을 문자화하는 과정은 일종의 번역 개념으로 보면 됩니다. 혹은 신의 말씀을 전달하는 대언자(에이전트 agent)의 기능으로 보아도 좋 고요. 사진영상('날시')과 문자는 동일성의 개념으로 보아주시기 바랍니다. 그러면 영상이 먼저고 시가 나중이고 하는 문제는 자연히 해소될 것입니다.

또 의견 기다리겠습니다.

skr: 디카詩의 미학을 '날시성'에 있고 극순간성의 미학이라는 것은 좋은 발상이란 생각입니다. 그리고 단순성, 여백성의 미학을 추구하는 것도 좋은 발상이란 생각입니다. 부디 좋은 결과가 있으시길 바라며 더욱 발전된 시학으로 정립되었으면 하는 바램입니다. 좋은 답변 주셔서 고맙습니다.

이: 부족한 답변을 긍정적으로 받아들여 주셔서 감사드립니다. 앞으로도 디카詩에 대해서 관심 가져주시고 조언 주시기 부탁드립니다. 아래 카페에도 방문해주시면 더욱 고맙겠습니다.

다음카페-디카詩 마니아(http://cafe.daum.net/dicapoetry)

3. 정체성

　이상에서 살펴본 디카詩 논의 및 토론을 통해서 디카詩의 정체성은 어느 정도 드러났다고 본다. 디카詩는 언어 너머의 시, 곧 '날시(raw poem)'를 디지털카메라로 찍어 문자 재현하는 방식이기 때문에 일반 문자시에 비하여 '날시성(feature of raw poem)'을 드러내면서 극순간성, 극현장성, 극사실성, 극서정성이 우세하며, 사진과 시의 유사성을 바탕으로 병치한 기존의 사진시에 비해서도 사진이 곧 시가 되는 동일성의 개념으로써 변별성을 지니는 것이다.

　인터넷상의 디카 사진에 글을 단 에세이성의 글들과도 '디카詩'는 다른 것이다. 그것들은 일간지에 간혹 소개되는 디카 에세이 아류의 일종에 속한다고 볼 수 있다. 디카 글쓰기가 시로 끌어올려지기 위해서는 역시, 디카시론에 바탕한 분명한 시적 의도를 지니고 있어야 한다. 디카詩는 날시성을 바탕으로 극순간성의 미학을 드러내기 때문에 일본의 하이쿠처럼 詩想이 매우 압축되고 강렬하며, 동양화처럼 언어화되지 않은 사진 풍경의 여백성도 두드러져서 시적 함의가 매우 풍부해야 하는 것이다.

지구 한 귀퉁이
산길 따라

한 해의 온갖 상처와 아픔 덮어주고 싶은
하늘의 마음 내려오시나 보다

―「서설(瑞雪)」

곁길들 뒤로 한 채
한눈 팔지 않고 걸어온
하얀 길

눈 녹기 전에 가야 할 길
아직
남아 있다

—「눈길」

위의 시 두 편은 나의 신작 디카詩다. 「서설(瑞雪)」은 내가 2004년 한 해의 끝자락에서 시골집 근방의 산길을 찍은 것이다. 아니, 시를 찍은 것이다. 2004년 한 해는 얼마나 우울했던가. 동남아시

아 지진해일로 수십 만이 죽지 않았던가. 그런데, 한 해의 마지막 날 서설이 내린 것이다. 한 해의 온갖 상처와 아픔을 감싸안고 싶은 하늘의 마음이 하얗게 내렸다. 사진 속의 눈은 그러한 하늘의 마음이 아닌가. 가만히 보면, 눈이 하늘에서 산길을 따라 인가로 내려오는 듯하지 않은가. 이는 디카詩만이 지닐 수 있는 극적 리얼리티, 극현장성이 아닐까.

「눈길」도 「서설(瑞雪)」과 같은 무렵에 찍었다. 물론 눈길에 나 있는 발자국은 나의 것이다. 사진을 보면, 작은 곁길들이 몇 개 나 있다. 그런데 눈길 위의 발자국은 곁길로 가지 않고 똑바르게 찍혀 있지 않은가. 그런데 눈길은 축복과 고난을 동시에 함의하면서 이중적 코드를 구축하여 매우 단순한 것 같은 이 시에 시적 응축성을 부여하는 것이다.

이처럼 극순간성의 영감을 바탕으로 포착된 사진 속에는 다양한 시적 함의가 현장성을 토대로 풍부하게 내재해 있다. 이는 디카詩만의 독특한 '시성'(디카시성)이라 해도 좋을 듯하다.

따라서 디카詩는 '날시성'을 바탕으로 한 극순간성, 극현장성, 극사실성, 극서정성 외에도, 풍경이나 사물에서 포착한 시적 함의를 찍어 해독한다는 관점에서 메타성·해석성·비평성 등의 특성도 드러낸다.

아무튼 디카詩는 시를 찍는다는 개념으로 드러나기 때문에 기존의 시쓰기의 상식으로는, 일반 시인들이나 독자들이 쉽게 납득하지 못할 수도 있다. 아직까지는 시를 찍는다는 개념은 생소한 것이

사실이다. 그럼에도 불구하고 디지털 시대에서는 시쓰기 개념도 바뀔 수밖에 없는 듯하다. 홍문표는 「한국현대시의 제양상」(한국시문학회, 『한국시문학』 제14집)에서 "사이버 문학은 지금까지 인류가 개발한 신화공간, 상상공간, 무의식의 공간을 벗어나 이제는 전자기계가 조작한 또 다른 가상공간(hyper reality)을 개척하였으며 글쓰기란 용어는 글치기란 용어로 바뀌고 개인창작이란 말은 공동창작이란 말로 바뀌는 세상이 되고 있다."라고 말한 바 있다. '글쓰기'란 용어가 '글치기'로 바뀌는 디지털 시대에, 시를 디카로 찍는다고 해도 전혀 엉뚱하다고만 말할 수는 없을 것이다.

  디지털카메라(디카폰까지 포함하여)는 이제, 네티즌이 펜처럼 자신의 의사를 표현하는 중요한 매체가 되고 있다. 따라서 펜으로 시를 쓰듯이 디카로 시를 찍는다는 개념도, 이제는 자연스러운 일로 받아들여야 할 시점이다.(월간 『시문학』 2005년 4월호)

디카詩, 21세기 디지털 시대 새로운 시의 한 모형
―디지털카메라로 찍는 시

1. 디지털 멀티 언어와 시적 상상력의 변환

1) 문자 언어에서 디지털 멀티 언어로

지금은 디지털 문화예술 시대라고 일컬을 만하다. 디지털 정보통신 혁명이 일상생활 곳곳에 영향을 미치면서 새로운 삶의 패러다임을 생성하고 문화예술도 이미 새로운 국면에 접어들었다.

최근 디카詩 보급하기 위해서 고등학교 특강을 몇 차례 가진 적이 있는데, 김해의 모 고등학교에서는 강연 형식으로 하고, 진주의 모 고등학교에서는 강연 형식과 더불어 디카詩 동영상 시청을 병행했다. 그런 과정에서 느낀 것은 고등학생들에게 문자나 음성 언어만으로는 그들의 시선을 끌기가 힘들다는 것이었다. 강연과 더불어 디카詩 동영상을 함께 보여주니까, 훨씬 호응이 좋은 것은 물론이다. 이미 고등학교의 수업 방식에도 문자나 음성 언어 외의 디지털 멀티 언어를 활용하기 위한, 인터넷망의 영상 시스템이 교실마다 구축되어 있는 것을 확인하였다. 필요하면 언제든지 수업 시간에 인터넷을 활용한 디지털 멀티 언어로 학생들에게 지식과 정보를 전달할 수 있다.

디지털 정보 통신의 혁명적 도래와 함께 의사 소통 방식이 급변하면서 시도 새로운 몸 바꾸기를 하지 않을 수 없는 운명에 처했다.

20세기 시는 언어예술로 한정된 것이었다. 그러나 21세기 시는 문자 언어에서 디지털 멀티 언어로 급격한 변환을 보이는 디카詩나 멀티시 같은 디지털 시대의 새로운 개념의 시가 대두하면서 이전처럼 언어예술이라고 단순하게 정의할 수 없게 되었다.

20세기 시는 언어예술로서 할 수 있는 실험은 거의 다한 셈이 아니던가. 우리 현대시가 그것을 웅변해주고 있다. 우리 시는 주지하다시피, 개화기 이후 고유의 전통적인 시론에만 머무르지 않고 서구 시론을 도입하여 "시가 언어예술"이라는 명제를 초점화하여 시의 지평을 한껏 넓혀 왔다. 전통 서정시에서부터 해체시, 그리고 메타시 등의 다양한 시도를 통해서 "시가 언어예술"이라는 명제는 유감없이 발휘된 것이다.

그리고 나서, 이제 "시가 언어예술"로써 더 이상 나아갈 길이 없는 막다른 골목에 도달했다고 생각될 즈음, "시는 언어예술이면서 언어를 넘어선다"는 새로운 명제까지 나오게 된 것이다.

이 같은 현상은 "시는 언어 예술을 넘어선다"는 명제를 디지털 멀티 언어로써 실현해야 할 명실상부한 21세기 디지털 시대의 도래를 실감하게 하는 것이다.

2) 사물·자연 상상력의 극순간 포착

디카詩는 언어예술의 한계를 넘어서는 디지털 시대의 시에 대한 새로운 개념이다. 디카詩의 출현 경위와 당위성에 대해서는 이미 몇 차례[1] 밝힌 바 있다.

디카詩는 '날시(raw poem)'를 찍어 문자 재현하는 것인데, 디카詩에서 '날시'라는 개념은 매우 중요하다. 여기서 '날시'는 시인의 상상력을 넘어서는 사물이나 자연의 상상력, 즉 신의 상상력을 함의한다.

원시 시대는 신의 상상력이 지배하는 시대였다. 현실 공간이 곧 신화의 공간이 아니었던가. 그러나 과학이 발달하면서 차츰, 인간의 상상력이 신의 상상력을 추방하기 시작했다. 과학의 발달과 예술의 발달은 같은 궤를 달렸다. 과학의 발달이 인간의 인지 발달의 결실이라면 예술의 발달 역시 인간 상상력 발달의 결실이 아닌가 한다.

그러나 21세기 공해와 전쟁과 테러의 위협 앞에서는 인간의 무한한 상상력도 이제 한계에 도달한 것처럼 보인다. 근자의 '웰빙'

---

[1] 국제어문학회 2004 가을학술대회 발표 논문(장소: 목원대학교 일시: 2004. 10. 16) 「디카詩의 가능성과 창작 방법」과 월간 『시문학』 2005년 4월호에 「디카시(dica-poem)의 쟁점과 정체성」이라는 평론을 통해서 디카詩에 대한 기본적 논의를 진행한 바 있다.

이니 '느림의 미학'이니 하는 담론은 곧 20세기 사유 방식에 대한 반성과 비판을 암시하면서 인간의 과학적·예술적 상상력의 한계를 암시하고 있는 것이다.

시의 상상력도 마찬가지다. 그동안 시를 언어예술로 보고, 언어를 조탁하고 때로는 해체하고 온갖 기교와 기법을 추구해왔지만, 앞서 지적한 바대로 이제 시의 언어도 한계에 도달했다.

이런 관점에서 디카詩는 인간의 상상력에서 사물의 상상력, 자연의 상상력, 즉 신의 상상력으로 돌아가는 의미를 지닌다.

인간의 상상력보다 더 위대한 상상력을 엿보는 것이 디카詩의 새로운 상상력이다. 인간의 인지 발달이 극에 도달한 지금 다시, 원시의 상상력, 신의 상상력으로 돌아가는 계기를 마련한 것은 아이러니가 아닐 수 없다. 디지털카메라는 인간 인지 능력, 곧 과학적 상상력의 정점에서 발명된 것으로써, 아이러니하게도 이것은 신의 상상력을 엿보는 계기를 마련한 것이라고 볼 수 있다.

디카詩는 인간의 상상력보다는 사물이나 자연의 상상력을 단지, 발견 포착하는 것으로 귀결된다. 그래서 디카시론은 발견의 시학인 셈이다. 물론, 이 발견의 시학에도 인간의 상상력이 전혀 개입되지 않는 것은 아니다.

여기서 수석과 조각의 비유를 들어보는 것이 효과적일 것 같다. 수석은 수많은 이름 없는 돌들 가운데서, 가령 비너스 형상을 한 돌을 발견하여 그것을 일반인들에게 비너스라고 보여주는 것과 같다. 수석가가 이름 없는 돌멩이에서 비너스의 형상을 발견하는 것,

즉 포착하는 것이 예술 행위인 셈이다. 이에 비해서 조각은 원석인 돌덩이를 조각가의 상상력으로 조탁하여 비너스 형상을 만드는 것이다. 이처럼 수석가의 상상력과 조각가의 상상력은 다르다. 수석가는 사물의 상상력, 신의 상상력을 포착하는 것이고, 조각가는 조형적 상상력으로 새롭게 빚어내는 것이다. 그렇다면, 문자시가 조각의 상상력이라면 디카詩는 수석의 상상력과 일맥상통한다.

그런데, 디카시인의 상상력은 수석가의 상상력을 훨씬 능가하는 것을 간과해서는 안 된다. 이미, 사물, 신의 상상력으로 빚어진 수석을 수석가는 단지 인식하는 것으로써 그의 예술 행위는 대부분 끝나지만, 디카詩의 상상력은 수석보다 더욱 다채로운 예술적 표현이 가능하다. 다시 말해 수석은 단지, 작품 제목을 명명하는 정도의 창작 행위에 머무르지만, 디카詩는 사물의 상상력을 대언하는 기능을 할 수 있기에 매우 다양한 미적 표현 획득이 가능하다. 즉, 디카詩에는 수석과는 달리 시적 화자가 보다 명확하게 존재하는 것이다.

디카시의 화자는 사물과 서정적 자아가 일치되는 경우가 우세하게 드러나면서, 사물의 예술적 상상력을 대언하는 것이다.

한편, 문자시가 사물을 시인의 상상력으로 새로운 사물을 만드는 과정에서 시인이 주체적 작용을 하고 사물은 객체가 되지만, 디카詩는 사물의 상상력을 전달한다는 측면에서 사물이 주체이고 시인은 객체가 된다.

사물이나 자연은 인간에게 전달할 입이 없다. 그것은 신도 마찬

가지다. 그래서 신은 예언자들의 입을 통해서 말씀을 전한다. 이렇듯 디카詩의 화자도 사물과 자연의 입이고 때로는 신의 대언자로서 전달의 통로가 되는 셈이다. 그런 과정에서 디카詩의 주체는 화자이기보다는 사물 자체가 되는 것이다.

디카詩는 사물의 예술적 상상력을 포착하는 극순간의 기록이라고 볼 수 있다.

이런 관점에서 디카詩는, 문자시가 시인의 독창적인 상상력으로 사물을 재조합하고, 재창조하여 새로운 사물로 드러내는 것에 비하여, 자연이나 사물의 상상력, 즉 신의 상상력을 그대로 언어화(기록, 전달)하는 것이다. 즉, 시인의 상상력 이전에 신의 상상력으로 이미 시적 상상력이 확보되어 있는 것을 포착하여 전달하는 것이다.

그런데 여기서 포착하는 작업은 디카詩에서 매우 중요한 예술적 행위가 된다. 왜냐하면, 자연이나 사물에 이미 내재한 시적 형상, 즉 시인이 사물 혹은 풍경과 부딪쳐 발생하는 감동의 형상이 곧 날 시가 되기 때문이다.

따라서 디카詩는 극순간의 시적 형상을 포착하여 순간적으로 디카로 찍어서 역시, 가능한 빠른 시간에 문자 재현한다는 점에서 극순간성, 극현장성, 극사실성, 극서정성을 지니는 극순간 포착 예술이 되는 것이다.

2. 디카詩의 대중성과 앞으로의 전망

1) 디지털 시대의 대중적 장르 가능성

디카詩 담론을 나누다 보면 의외로 많은 사람들이 인터넷상에서 사진을 찍고 글을 쓰는 작업을 이전부터 해왔다는 말을 자주 듣는다. 사진과 시, 혹은 그림과 시의 병치는 이전부터 매우 친숙하게 이루어져 왔다.

그래서 내가 디지털 시대의 새로운 시의 한 모습으로 제시한 디카詩가 새로울 것도 없는 구태의연한 것으로 파악하여 냉소하는 네티즌도 없지 않았다.

> 이미지와 텍스트의 조합은 몇 백년 전부터 있어왔던 개념 아닌가. 옛 우리의 선조들 역시 시화를 즐겨 그렸었고, 조금 다른 개념이지만 유럽의 다다이스트들이나 선구자들도 시를 이미지로 표현하곤 했는데, 저 사람은 단지 돈을 벌기 위해 하는 짓이라는 생각이다. 새삼 "디카시"라는 웃기지도 않는 명칭을 가져다 붙인 것도 그렇고.

이 글[2]은 『DAUM 미디어다음』의 「사건화제포트」에 게재된 『오마이뉴스』(2004. 10. 8) 기사인 「디카詩라고 들어보셨나요?」(디카시집 『고성 가도(固城 街道)』 출간 기사)에 대한 꼬리말이다. 그런데 나의 디카詩에 대해 매우 혹평한 글이 아이러니하게도 디카詩

의 존재 의미를 선명하게 부여한다.

그렇다. 디카詩는 어느날 갑자기 생겨난 것이 아닌 셈이다. 디카시는 이전부터 시가 언어예술이라는 한계를 넘어서고자 했던 수많은 실험 정신의 기저에서 기인한다. 이런 관점에서 특히, 문자를 넘어서고자 한 실험시의 시 형태인 구체시, 형태시, 입체시, 문형시는 주목을 요한다. 『그리스 사화집(Anthology)』에 실려 있는 시가 도끼 모양을 하고 있거나 달걀 모양으로 하고 있는 것을 비롯하여 16세기 영국의 형이상학파 시인인 조지 허버트가 쓴 날개 모양의 「부활절 날개(Easter Wings)」와 제단 모양의 「성단(The Altar)」이라는 시 등과 함께, 19세기 프랑스의 상징파 시인인 스테판 말라르메가 다양한 크기의 활자 실험을 보인 것이나 20세기 프랑스의 대표적 시인 기욤 아폴리네르가 쓴 시각적 인상을 불러일으키는 시도와 일부 구체 시인들이 쇠를 비롯한 자연 재료를 이용해 만든 시적 시도는, 시가 전통적 의미의 언어 예술이라는 한계를 넘어서려고 했던 노력들이었다.[3]

이런 관점에서도 디카詩는 내가 그 개념을 새롭게 창안한 것이지만 전혀 생소한 개념은 아닌 것이, 시가 문자 언어에만 매일 수 없다는 오랜 인식의 토대 위에 기반하고 있기 때문이다.

---

2) 인터넷 자료.http://ucc.media.daum.net/uccmix/photo/affair/200410/08/ohmynews/v7498473.html?u_b1.valuecate=4&u_b1.svcid=02y&u_b1.objid=16602&u_b1.targetcate=4&u_b1.targetkey1=17136&u_b1.targetkey2=7498761
3) 최낙원 교수도 『시와 반시』 2000년 가을호에 발표한 「멀티포엠의 실험성」에서 활자 언어만을 매체로 하는 기존의 시 형식을 거부하고 다양한 표현 양식-시각, 창각 등-을 통해 시적 감성을 나타내고자 하는 움직임은 과거부터 있어왔다고 전제하고, 그것을 구체시 운동으로 예거하고 있는데, 최 교수는 바로크 시에서 그 원류를 들고 있다. 16세기 중반 세비아

그러나 이제까지 시가 언어 예술이라는 전통적 관념을 넘어서려는 구체시 운동 같은 실험시들은 대부분 주변부에 머무르고 말았고, 한때의 해프닝으로 끝난 감이 없지 않다. 그것은 물론, 대중성 확보 실패에 기인한다.

그런데, 디카詩는 대중성 확보가 매우 용이하다. 최근에 디지털 카메라와 인터넷 홈피나 블로거가 상용화되면서 사진을 올리고 간단하게 메모하는 형식의 글쓰기는 이제 매우 익숙한 표정이 되었다. 이 같은 일반적 글쓰기를 예술의 형식으로 끌어올리려는 시도가 디카詩라는 개념이라고 보면, 디카詩는 이 시대의 새로운 주류적 시쓰기의 가능성을 활짝 열어주는 것이다.

근자에 들어와서는 문자시가 상당히 위축되고 있다. 지금도 많은 시 전문지들이 속속 창간되고 있고 시를 지망하는 사람들은 많이 있지만, 문자시로는 독자를 확보하는데 실패하고 있다. 흔히, 냉소적으로 일컬어지는 시인과 독자의 숫자가 같다는 말이 우스갯소리로 그치는 것이 아니다. 정말, 이제 문자시는 시인들끼리 돌려

출신 시인 페르나도 데 에레라의 시의 형식을 강조하는 흐름부터 시작하여 17세기 대표적인 바로크 시인들인, 공고라, 께베도에 와서는 감각 중심의 독특한 바로크 시를 이루었다는 것이다. 그리고 1920년대 유럽 아방가르드의 한 축을 이루었던 다다이즘 등을 예거하면서 시의 의미가 전달되는 것은 단어만이 아니라 공간, 그림, 소리도 시적 의미를 전달한다는 관점에서 시가 그림이 되고, 음악이 되고 건축이 되고, 이벤트성 퍼포먼스가 되는 이른바 '새로운 시'로 총칭되던 이런 움직임이 결국 구체시로 발전되었다는 것이다. 구체시 운동은 1차 대전 후 다다이즘과 초현실주의에서 그 명맥을 어어가다 남미(특히 브라질)와 전 유럽에 확산되었으며 포르투칼, 일본 등까지 그 영역을 넓히는데, 20세기의 기용 아폴리네르의 타이프 문자시, 1916년 후고 발, 1935년 쿠르트 투골스키, 그리고 멕시코 옥타비오 파스 등을 통해 구체시의 큰 족적을 남겼다고 하면서, 결국 구체시가 시각적, 청각적, 공간적 아름다움을 선사하며 점 하나, 선 하나, 티 하나, 여백 하나마다 의미가 된다는 점을 강조한다. 그러면서 멀티포엠이 비록 멀티미디어 환경에서 생겨났지만 그 뿌리는 구체시에 있다고 본다. 월간 멀티포엠, 인터넷 자료, http://www.multipoem.com/magazine/200506/home/magazinemain2.htm

읽는 것으로 그치는 듯하다. 앞에서 언급했던 고등학교에서 디카詩를 특강하면서, 고등학생들에게 올해(2005년) 미당문학상 수상자인 문태준 시인을 아느냐고 물어보았다. 유감스럽게도 한 학생도 문태준이라는 시인을 알지 못했다. 이것은 무엇을 말하는 것인가.

 문자시가 더 이상 디지털 멀티 언어로 소통하는 디지털 커뮤니케이션 시대에 주류적 역할을 할 수 없다는 것을 웅변하는 셈이다.

 그런 측면에서 디카詩가 대중성을 확보할 수 있다는 것은 매우 주목을 요한다. 디카詩는 일본의 하이쿠처럼 짧은 형식으로 일순간 대중을 사로잡을 수 있다는 점이다. 디카詩는 창작적인 면과 감상적인 면 모두가 극순간의 예술로서 매우 짧은 순간에 독자를 매혹할 수 있다.

 디카詩는 극적 감동 순간을 디카로 찍고, 그 감동의 실체를 해석하여 문자 재현함으로써 극순간의 미학을 표출하기 때문에 한 줄 혹은 두 줄의 짧은 시행도 가능한 매우 기능적인 장르가 된다.

 이런 점에서 디카詩와 문자시의 미학은 매우 다른 국면이다. 디카詩에서 문자시적인 상상력을 기대해서는 안 된다. 즉, 디카詩에게서 너무 많은 것을 기대해서는 안 된다는 것이다. 디카詩는 단지, 극순간의 아름다운 감동, 그 하나만을 전달하는 것으로 만족해도 좋다.

 현대인들은 너무들 분주하다. 그런 현대인에게 디카詩 한 편이 생수 한 병과 같은 역할을 할 수 있다. 정서적 갈증을 한순간에 해소하는 디카詩가 디지털 시대의 대중성을 지니는 새로운 시 장르로서의 존재 의미를 지니는 것이다.

2) 대중 매체의 반응과 디카詩의 발전 방향

2005년 8월 16일부터 21일까지 경남문학관에서 디카시전을 개최한 바 있다.

디카시전에 19점을 출품했는데, 1점에 10만원씩 18점을 판매하고, 1점은 내가 소장품으로 판매하지 않은 것이니, 모두 판매가 된 셈이고, 그만큼 디카詩에 대한 일반인들의 관심도가 높았던 것이다. 또한 이례적으로 디카시전에 대한 지역 방송에서 큰 관심[4]을 보인 것은 매우 고무적인 것이었다. 창원 KBS 텔레비전 문화공감[5], 진주 MBC 라디오 '아침을 달린다'를 비롯하여 여타의 라디오 및 케이블TV방송 등에서 인터뷰 및 취재 요청이 쇄도한 것은 디카詩의 대중적 장르 가능성을 확인하는 것이 아닌가 한다.

이런 여러 정황으로 보아 디카詩가 앞으로 사이버 공간뿐만 아니라 종이 매체, 그리고 전시 공간 등 다양한 층위에서 다양한 존

---

[4] 중앙 방송 매체에는 디카시전을 알리지 않았다. 만약, 중앙 방송 매체에도 알렸다면 어떤 반응을 보였을지 궁금하다.
[5] "디지털 시대, 또 하나의 표현수단으로 떠오른 디지털카메라. 여기에 시인의 정서나 사상을 투영해 언어화하면 어떤 풍경이 나올까?「디카詩」라는 새로운 장르를 개척하고 디카시집을 펴낸 이상옥 시인이 경남문학관에서 디카詩를 예술 작품화한 전시회까지 가진다. 아주 짧은 순간의 영감을 카메라로 포착, 영상 이미지를 언어화하는 디카詩는 시를 문자 언어에서 영상 언어로 확대시키고 있는데.. 이상옥 시인(창신대학 문예창작과 교수)이 국내 최초로 개척한 디카詩를 만나본다." 창원 KBS '문화공감' (2005년 9월 1일 저녁 11시 방영) 다시 보기, 인터넷 자료 http://changwon.kbs.co.kr/program/pro_tv6_review.htm

재 양태로써 디지털 시대의 새로운 시의 장르로 우뚝 설 수 있을 것으로 기대된다.(한국시문학아카데미 2005년 11월 월례발표회 발표, 서울 서소문 배재학술지원센터)

디카詩의 실험과 모색

바야흐로 '컴퓨터', '인터넷', '디지털카메라'가 너무 익숙한 용어가 되었다.

정보화 시대의 한복판에서 살아가고 있는 것이다. 우리 세대는 농경사회를 경험하고 산업사회를 거치면서 정보화사회의 일원으로 살아가고 있다. 인류가 이룩한 문화를 한 생에 다 맛보는 것이 고통스럽지만 한편으로 경이롭다.

너무 많은 문화 충격을 받으며 가속 페달을 밟고 달리는 세상에 살아남기 위해서 기우뚱거리고, 부딪치고 넘어지고 깨어질수록 더욱 그리운 것은 실재의 세계다. 그러나 그것은 일상인의 눈으로는 잘 포착되지 않는다.

시인은 일상인이 보지 못하는 실재를 드러내는 존재라고 보아도 좋다. 자동차를 타고 갈 때 간혹, 차창 풍경 속에서 실재의 세계를 만나기도 한다. 그때마다 저것을 사진으로 담으면 바로 시가 될 텐데, 아쉽다라고 생각하고 했다.

  그러다 디지털카메라의 상용화로 어렵지 않게 순간 포착도 할 수 있게 되었다.

  디카詩는 詩的 형상의 자연이나 사물의 표정을 디지털카메라로 찍어서 시라는 이름을 달아주는 것이다. 디카詩는 사진과 문자로 구성되는데, 사진은 시적 형상이고 문자가 바로 그 이름이다. 다시 말해 디카詩는 언어 너머의 시, 곧 '날시(raw poem)'를 디지털카메라로 찍어 문자 재현한 시다.

  디카詩는 기존의 언어예술의 개념을 넘어서고 있다. 디카詩는 멀티 언어예술이다. 기존의 시가 문자 언어를 매재로 하는데 비하여 디카詩는 문자와 동등한 레벨로 사진을 매재로 활용한다.

  디카詩가 문자 외에 사진을 매재로 활용하는 것은 시의 시각적 효과를 살리기 위해 작위적으로 결합한 것이 아니다. 이는 시를 새롭게 인식하는 시론적 토대 위에서 이루어지는 실험적 작업이다.

  시는 시인이 창조하는 것만으로 한정되는 것은 아니다. 시인이 상상력으로 빚은 문자시보다 훨씬 더 시적 형상들이 도처에 존재하고 있다. 그러나 그것이 시의 형상인지를 알아보지 못하고 있을 뿐이다. 이는 이전 글에서도 언급한 바와 같이 수석과 조각의 비유에서 잘 드러난다. 조각은 조각가가 창조한 예술이지만, 수석은 조물주가 창조한 예술이다. 수석은 인위적으로 조탁하지 않아도 그 스스로 예술적 형상을 지니고 있다. 따라서 수석가는 조각가와는 달리, 단지 그것을 포착하여 그의 이름을 불러주는 것만으로 예술가라는 칭호를 받는 것이다. 발견이나 포착의 예술이 아닌가.

　디카詩와 기존의 문자시와의 차이도 수석과 조각의 그것과 같다. 디카詩의 언어화하는 작업은 수석가가 포착한 수석에 알맞은 이름을 불러주는 명명 행위와 같다.

　자연이나 사물, 혹은 사건은 입이 없다. 그들은 침묵의 언어를 지니고 있을 뿐이다. 그래서 사람들은 귀가 있어도 듣지 못한다. 그들은 끊임없이 인간에게 말하고 있지만 그 말을 알아듣지 못하니까, 얼마나 답답하겠는가. 시는 한 송이 꽃의 형상을 입고 있기도 하고, 새의 형상을 입고 있기도 한다. 어디 꽃과 새뿐이겠는가. 계곡을 흘러내리는 물이나 천진난만한 아이의 웃음이나 아니면 교통 사고 현장 속에도 시의 형상은 깃들어 있다.

　나는 자연이나 사물, 사건에 깃들인 시의 형상(극순간적 감동의 형상)을 '날시(raw poem)'라고 명명한 것이다. 그렇다면 디카詩는 날시의 포착에서부터 시작되는 것이다. 즉, '날시'를 디지털카메라로 찍는 것이 시창작의 단초다.

　디지털카메라로 포착한 날시는 여전히 침묵하는 언어인데, 시인이 그 침묵의 언어를 듣고 옮겨놓으면 디카詩는 완결된다. 그래서 디카詩는 '날시'를 디지털카메라로 찍어 문자로 재현한 시라고 정의한 것이다.

　디카詩는 '사진+문자'로 이루어져 있기 때문에 멀티 언어예술이다. 그러나, 실상 디카詩는 언어예술이기도 하다. 디카詩의 '사진' 역시 침묵하는 언어이기 때문이다. 아무튼 디카詩가 사진과 문자로 이루어져 있지만 이 둘의 관계는 동체의 개념이다. 사람에게 영(정신)과 육이 둘이지만 동체이듯이, 사진과 문자의 관계 역시 사진이 문자이고 문자가 사진인 동일성의 개념이다. 사람에게 육체가 영의 인카네이션이듯이, 문자는 사진(침묵)의 인카네이션이다. 이런 점에서 디카詩는 기존의 시화나 시사진과는 다른 새로운 개념이다.

이상은 혼자서 실험하고 모색한 디카詩의 정체성을 요약적으로 제시한 것이다.

이제 『디카詩 마니아』 창간을 계기로 디카詩가 본격적인 공론화를 거쳐서 21세기 디지털 시대 시의 새 장르로 자리잡고 또한 디카시론도 더욱 견고하게 구축될 것으로 기대해 마지않는다.

창간호 『디카詩 마니아』가 현재 한국시단을 대표하는 다수 시인들의 '디카詩'를 게재할 수 있게 된 것은 무엇보다 큰 의미를 지닌다. 이 잡지에 수록된 디카詩는 디카詩의 정체성 확립과 디카시론 구축의 소중한 텍스트가 될 것이다.

앞으로 디카詩는 무크 『디카詩 마니아』와 함께 제 빛깔과 향기를 드러낼 것으로 기대한다. 여러분들의 우정어린 충고와 질책을 바란다.(무크 『디카詩 마니아』 창간호 2006. 6. 1.창간사)

디카詩, 공감과 매혹

1

『디카詩 마니아』 창간호를 2005년 6월에 내고 이제 제2호를 간행하게 되었다. 2004년 4월 '디카詩'라는 화두를 잡고 인터넷 서재에 연재를 하던 때가 엊그제 같은데 벌써 2년을 훌쩍 넘겼다.

2004년 디카詩集 『고성 가도(固城 街道)』를 내고 2005년 디카詩展를 열고, 2006년 무크 『디카詩 마니아』를 창간했던 지난 2년을 돌이켜보면 감회가 새롭다.

이번 호부터는 최춘희 시인(한국시협 총무간사), 김영탁 시인(계간 『시안』 편집장), 배한봉 시인(계간 『시인시각』 주간), 세 시인께서 편집위원을 맡아주기로 했다. 2006년 10월 20일 명동 YMCA에서 개최된 한중시인회의를 마치고 인근에서 우리는 오늘의 시에 대한 담론을 나누다가 이 시대에 왜 디카詩가 제기되는가에 대해서 서로 깊이 공감하게 되었다. 천군만마를 얻은 느낌이다.

디카詩는 아직 생소한 개념이지만 디카詩를 접하게 되면 대부분 공감하면서 디카詩의 매혹에 빠지게 되는 것을 자주 본다. 이는 디카詩가 우리 시대가 새롭게 요구하는 담론이기 때문이 아닌가 한다. 아직 검증되지 않은 신생지인 『디카詩 마니아』 창간호에 대한 매스컴의 반응도 이례적이었다.

'디카시' 세계를 소개하는 전문 무크지 『디카詩 마니아』가 창간됐다. 창간호에서는 시론 교수들이 쓴 디카시, 시지 편집인들이 쓴 디카시, 시인들이 지은 디카시 등 다양한 디카시 세계를 소개했다.

— 연합뉴스

문예지들이 디지털 옷을 입고 게임 · 애니메이션 · 영화 · 미술 장르 등과 활발하게 접목하며 '진화'하고 있다. 대표적인 것은 최근 창간된 무크 『디카詩 마니아』

— 문화일보

이상옥 시인이 무크지(매거진북) 『디카詩 마니아』(문학의전당, 1만원)를 창간했다. 디지털 시대에 걸맞게 시마저 변신을 모색하고 있는 듯하다.

— 매경이코노미

기존의 시가 문자 언어를 매개로 하는데 비해 디카시는 문자와 사진을 동등한 매개체로 인정하는 디지털 시대 멀티 언어예술 장르를 표방한다.

— 서울신문

디지털 시대에 시(詩)도 변신을 모색하고 있나? 디카시(詩)가 등장했다.

— 부산일보

단순하게 시와 사진이 조합된 시사진(시화)이 아니라 '사진+문자'로 이루어진 멀티 언어예술이라 할 수 있다.

— 오마이뉴스

이 외에도 MBC 표준 FM '오지혜의 문화 속에서' 등의 방송과 지역 일간지에서도 크게 관심을 가지고 보도해주었다.

2

디카詩에서 '디카'(디지털카메라)는 문덕수 선생이 대담에서 지적한 바와 같이 디지털 시대 "시쓰기에 도입되는 모든 도구(디지털카메라, 망원경, 현미경, 인공위성, TV, PC, MRI, 확대경 등등)

의 환유적(換喩的) 상징"이다.

아날로그 시대에는 시쓰기는 펜으로 쓰는 시쓰기에 한정되지만 디지털 시대는 결코 펜으로 쓰는 시쓰기에 머물 수는 없다. 이런 측면에서 '디카詩'는 디지털 시대에 있어서 새로운 시쓰기의 표상이 되는 것이다.

그러면 디지털 시대에 걸맞는 디카詩의 매혹은 무엇인가?

펭귄은 달아난다, 만화처럼.
남자는 뒤쫓는다, 영화처럼.

남자의 동심은… 결국 손에 잡히지 않는다.
　　　　　　　― 유성식의 디카詩 「남극 킹조지 섬」

이 시는 『디카詩 마니아』 창간호에 게재된 작품이다. 이 디카詩는 KBS 기자인 유성식 시인이 남극 킹조지섬의 세종기지에 취재차 갔다가 포착한 작품으로 보인다. 남극은 연평균 기온이 -23℃이고 나무는 전연 없고 꽃피는 식물이 두 종류 정도 있고 지의류가 식물의 대종을 이룬다. 그런 극지에도 펭귄 같은 고유한 생물이 서식하고 있는 것이 경이롭다.

이 시는 세종기지 과학자가 펭귄을 뒤쫓는 장면을 초점화하고 있다. 극순간 포착이다. 펭귄은 뒤뚱거리며 만화처럼 달아나고 남자는 영화처럼 뒤쫓는다. 이것은 남자의 동심이다. 그러나 그 동심은 결코 손에 잡히지 않는다. 유성식 시인은 남극 킹조지 섬 세종기지에서 과학자가 펭귄을 뒤쫓는 모습에서 남자의 동심이라는 순수 서정을 포착한 것이다.

3

디카詩는 무엇보다 극순간 포착의 서정성이 두드러진다. 오늘의 시가 시의 본질인 세계와 자아의 동일성을 상실하고 오히려 자아와 세계가 분리되는 반서정적 비전을 드러내고 있고, 그러면서 요설화되고 산문화의 길을 걷고 있는 형국이고 보면, 디카詩는 극순간포착 예술로서 현대시가 잃어가고 있는 서정적 비전을 복원해낼 수 있다. 그런 점에서 디카詩의 극순간 서정은 매혹적이다.

이런 디카詩의 속성은 대중성과 연결된다. 현대시가 너무 난해하여 독자와 점점 멀어지고 있는 현실에서 디카詩는 자연이나 사물 속에 드러난 '날시(raw poem)'를 순간적으로 포착해내되, 디카사진+문자로 하나의 텍스트를 이루고 있기 때문에 누구나 편안하게 감상할 수 있다. 그래서 시에 대한 특별한 교양이 없는 독자도 디카詩의 매혹에 빠져들게 된다.

디카詩는 독서시장의 확장을 꾀할 수 있다. 디카詩는 독서시장의 글로벌화를 추구할 수 있는 것이다. 디카詩가 사진과 짧은 문장으로 구성되고 있는 바, 여기서 사진과 병치되어 있는 문장을 영어나 중국어로 병기하면 국적을 초월하여 누구나 쉽게 읽을 수 있게 된다. 기존의 시가 번역 과정에서 시성이 훼손되는 문제점을 노정하고 있지만 디카詩는 문장도 짧지만, 무엇보다 사진이 병치되어 있기 때문에 번역과정을 거쳐도 디카詩의 시적 메시지(시성)는 매우 선명하게 전달될 수 있는 이점이 있다. 그래서 앞으로 여력이 되면 『디카詩 마니아』를 영어나 중국어로 병기하여 출간하여 세계 독서시장에 선보이고 싶다.

여기서 하나 더 지적하고 싶은 것은 디카詩의 전위성이다. 기존의 시가 문자예술이라면 디카詩는 문자와 사진영상이 결합된 멀티언어예술인 것이다. 그리고, 디카詩가 자연이나 사물의 상상력을 매우 중시하고 그것을 그대로 포착하는데 주력하는 점에서도 디카詩에서 시인은 에이전트라고 본다.

디카詩는 인간의 무한한 상상력으로 신과 자연까지도 정복하려했던 지난날의 무모한 도전과 교만을 성찰해보고 반성해보는 의미도 지닌다. 다시 말해, 일반적으로 창작이나 창조자, 즉 메이커(maker)의 의미를 지닌 기존의 포에트(poet)라는 개념의 시인은 조물주에 버금가는 절대적 권위의 상징이었고, 인간 중심주의의 극치에 있었다고 볼 수 있지만, 디카詩에서는 시인이 신이나 자연 앞에서 에이전트(agent)나 파인더(finder) 정도로 겸허해지는 자세를 취한다는 점에서도 기존 시나 시인의 통념에서 볼 때는 전위적이라 할 수 있다.

이렇듯 디카詩는 디지털 시대의 새로운 시의 장르로서 정체성을 확고히 하면서 독자들에게 공감과 매혹을 불러일으킬 것으로 기대한다.

4

이번 호에 특기할 만한 것은 '독자가 쓴 디카詩'라는 메뉴를 추가한 것이다. 본지는 문학성과 아울러 대중성을 당당하게 추구하고자 한다. 독자와 함께 하는 잡지를 지향하는 것이다. 이런 점에서 앞으로 독자가 직접 참여하는 폭을 더욱 넓히고자 한다. 이번 호에서 예술원 회원이며 우리 시단의 원로인 문덕수 선생과 디카詩에 대해서 기획대담한 것도 큰 보람이 아닐 수 없다. 이번 대담은 디카詩가 더욱 뚜렷하게 정립되는 계기가 되었다. 그리고 창간호에 이어서 이번 호에서도 우리나라를 대표하는 시인들이 디카詩를 써준 것도 디카詩를 현실화시키는 데 큰 힘이 되고 있다. 또한, 메뉴 '휴먼 디카'에서는 본지 미국 특파원인 금석 '디카詩 마니아'가 취재한 '미셸 위'를 소개할 수 있게 되어서 너무 기쁘다. '미셸 위'라는 이름만해도 시적 감동을 불러일으키기에 족하지 않는가. 본지는 유·무명을 가리지 않고 삶 자체가 시적 감동을 주는 분들을 포착하여 지속적으로 소개할 것이다. 시보다 더 시적인 삶을 사는 분들을 휴먼디카라는 이름으로 포착하여 감동을 전하고자 한다. 이런 맥락에서 평범함 속에 비범함이 묻어나는 박광주 만학도의 삶도 주목의 대상이 된다. 본지는 오프라인 못지않게 온라인에도 관심을 가지고 있기 때문에 인터넷 동인을 지속적으로 주목하고 있다. 이번 호에는 '시산맥'을 취재했다.

　앞으로도 본지는 디지털 시대에 시인과 독자가 함께 하는 디카詩의 지평을 열어가는데 매진할 것이다. 여러분의 성원을 기대한다.(무크『디카詩 마니아』2호 2006. 12. 1. 간행사)

디카詩의 비전

먼저 멀리서 『디카詩 마니아』 2호 출판을 축하해주시고 기념강연을 위해서 서울에서 이곳까지 참석하여 자리를 빛내주신 문덕수 선생님을 비롯한 내빈 여러분께 진심으로 감사하다는 말씀을 전한다.

나는 2004년 초부터 인터넷 서재에서 디지털 시대 새로운 시의 개념으로 '디카詩'라는 새로운 장르 실험을 하면서, 2004년 9월에 디카시집이라는 이름으로 시집을 내고, 2005년 8월에 이곳 경남문학관에서 디카시전을 했다.

그리고 수 편의 디카詩 관련 논문도 발표하고, 2006년 6월 1일에는 무크 디카시전문지 『디카詩 마니아』를 창간하고 이번에 제2호 『디카詩 마니아』를 출간하기에 이르렀다.

그런데, 무크지를 창간하고 나서 필자들에게만 보내고 다른 문인들에게 책을 보내지 못했다. 그러다보니, 『디카詩 마니아』가 창간되었다는 소식을 들었는데, 왜 책은 보이지 않는지, 많은 분들이 궁금해하고, 또한 내심 섭섭해하는 분들도 있는 것 같았다.

그래서, 이번에도 그냥 넘어가버리면 더욱 궁금해하고 서운해할 것 같아서 여러 가지 불편함을 줄줄 알면서도 이렇게 출판기념회라는 형식을 빌어서 『디카詩 마니아』의 창간 의도, 취지, 그리고 앞으로의 계획 등을 설명하고자 한 것이다.

무크지 『디카詩 마니아』는 내가 발행인이며 편집인을 맡아서 전적으로 나의 책임 하에 제작하고 있다. 그런데, 이번 호부터, 사회를 지금 보고 있는 계간 『시인시각』 주간인 배한봉 시인, 그리고 한국시협 총무간사 최춘희 시인, 계간 『시안』 편집장인 김영탁 시인이 수고해주기로 했다. 이분들은 널리 알려진 것처럼 현재 우리 시단을 리더하는 매우 우수한 시인들이다. 그런데 내가 벌이고 있는 디카詩 운동의 취지를 공감하고 흔쾌히 힘을 보태어서 천군만마를 얻은 느낌이다.

이 자리를 빌어 감사의 뜻을 전한다.

여러 가지 어려운 여건 속에서도 문학 양서를 출간하고 있는 문학전문출판사인 '문학의 전당' 사장이고 계간 『시인시각』을 발행하는 김충규 시인이 『디카詩 마니아』를 발행 업무를 맡아주고 있다.

문학의 전당에서 디카시집 『고성 가도』와 제5시집 『환승역에서』도 출간한 바 있다. 이렇듯 문학의 전당과는 각별한 인연을 맺고 있다.

이 자리에 김충규 시인이 참석해주었다. 감사하다.

그리고 무엇보다 내게 더 큰 힘을 주시는 분들이 있다.

그분들은 다름 아니라 내가 포탈사이트 다음에 '디카詩 마니아'라는 카페를 운영하고 있는데, 나의 뜻에 공감해주시는 카페 회원들이다. 현재 160여 회원이 있다. 이분들이 책도 구입해주고 디카詩 홍보도 해준다. 정말 감사하다.

디카詩는, 기존의 시가 언어예술로서 사물을 형상화한다고 하면, 사진영상과 언어를 같은 레벨로써 사물을 포착한다는 점에서 멀티 언어예술성을 띤다.

물론 예전에 문자와 사진을 조합한 시도가 없지는 않았지만, 디카詩에서 사진영상과 문자는 하나의 텍스트, 한 몸을 이루고 있다.

이전에는 사진은 사진대로 문자는 문자대로 존재하다가 이 둘이 점점 가까워져오면서 어떤 경우에는 문자 속에 사진이 들어와 종속적으로 동거하기도 하고, 반대로 사진 속에 문자가 종속적으로 동거하기도 했다.

디지털 시대의 산물인 디카詩에 이르러서는 사진영상과 문자가 동등한 레벨로 한 몸이 된 것이다.

디카詩에서 사진과 문자가 하나의 텍스트로 만난다는 것은 결코 단순한 문제가 아니다. 디지털카메라는 연필이나 펜과 같은 도구적 기능으로 그치는 것이 아니라 디카詩 제작에 있어서 시인과 거의 동일한 레벨의 주체로 참여하게 된다. 이런 점에서 기존의 언어예술로서의 시에서 지니는 시인의 개념에 큰 충격을 주는 것이 사실이다.

기회 있을 때마다 지적한 바대로 기존에 시인은 메이커라는 의미를 지닌 포에트라고 보면, 디카詩에서는 에이전트나 파인더 정도로 시인의 주체성에 큰 변화를 몰고 온다.

그리고 디카詩의 포착 대상인 사물도 기존의 시에서 제재라는 개념과는 다른 국면이 된다. 디카詩에서는 사물과 시의 경계가 무화되는 상태로까지 나아간다. 기존의 시가 사물에 시인의 상상력을 불어넣어, 즉 형상화하여 예술작품으로 창조한다는 개념이었다면, 디카詩는 자연이나 사물의 상상력 자체가 시적 형상을 드러낼 경우 그것을 포착한다는 개념이기 때문에 디카詩가 포착하는 사물은 기존의 시에서 말하는 제재 개념을 넘어서고 있다.

디카詩에서 시인이 시적 형상으로 포착한 사물은 이미 날시의 상태이기 때문에 기존의 사물이 제재로 인식되는 것과는 큰 차이를 유발한다.

이런 점에서 디카詩는 시인에 대한 주체론, 대상에 대한 객체론, 사진영상과 문자의 관계인 텍스트성, 곧 구조론 등 다방면에 걸쳐 혁명적인 변화를 수반한다.

여기서 디카시론을 다 얘기할 시간이 없다.

이미 조선일보에서 새 공간 새 장르라는 캐치프레이즈로 2007 사이버 신춘문예에서 '디카에세이'를 공모하고 있고, 지금 폭발적인 반응을 보이고 있다.

디카에세이는 아직 디카詩에 비해서 이론적 기반이 취약한 상태이지만 이미 하나의 장르 개념으로 메이저 신문에서 수용하고 있으니, 디카에세이에 대한 문학론도 활발하게 전개될 것으로 보인다.

내가 디카詩를 제창했기 때문에 앞으로 디카詩의 대중화와 공감 확대를 위하여 몇 가지 구상을 하고 있다.

첫째, 『디카詩 마니아』를 무크지로 발간하다가 탄력을 받으면 계간지화하는 작업이다.

둘째, 디카에세이와 같이 디카詩도 신문사와 협력하여 사이버신춘문예를 시도해보아야겠다는 생각이다.

셋째, 디카詩의 시론 정립 위한 연구모임을 결성해야 한다. 그래서 정기적인 디카詩 세미나 등도 개최해야 한다. 이런 일을 하기 위해서는 보다 조직적인 기구가 구성되어야 할 것이다. 가령, 대학 내에 디카시연구소나, 아니면 기업체의 후원으로 사설 연구소를 설립하는 방안을 상정해 볼 수 있다.

넷째, 디카시전이나 디카詩 창작워크숍 같은 것을 지속적으로 개최하여 독자와 자유롭게 소통하는 작업도 필요하다.

이와 같은 일을 위해서는 내 혼자 힘으로는 불가능하고 기업체나, 언론, 대학구성원, 독자 등의 협조가 절실하다고 하겠다.

앞으로 나는 이 일을 위해서 더욱 헌신하고자 한다.(무크『디카詩 마니아』2호 출판기념회 편집인 인사요지. 2006년 12월 9일 경남문학관 세미나실)

시의 굴절된 풍경과 디카詩

1. 오늘 우리 시의 풍경

 시인을 바라보는 관점에서는 동서고금의 차이가 있을 수 있지만, 일반적으로 시라고 번역되는 영어 포에트리의 어원인 희랍어 포이에시스(poiesis)가 메이커, 즉 '제작'이라는 뜻이고 마찬가지로 시인이라고 번역되는 포에트(poet)의 어원적 의미가 '제작자'라는 점에서 시인은 허구의 세계를 창작하는 사람이라고 본다.
 그래서 시인은 감히 조물주 다음의 제2의 창조자라고 생각한다. 다소 단순화시켜서 지적한 바지만 우리의 현대시는 이런 관점이 주류를 이루면서 오늘날까지 지속되어 왔다. 대중이 시인을 존중해주던 시대는 물론이고 시인을 그냥 일상인 정도로 폄하하는 오늘의 시대에도 물론 시인 스스로는 대단한 존재라고 생각한다.
 올해는 최남선의 신시 「해에게서 소년에게」를 발표한 1908년을 현대시의 기점으로 삼는다면 현대시 100년을 맞게 된다. 그런데 현대시 100년의 실상은 어떤가?

현대시 100년을 맞는 현금의 시단은 기념사업회를 구성하고 축제 분위기를 애써 돋우려 하지만 매스컴의 진단부터 심상치 않다. 한국시인협회가 현대시 탄생 100년, 시협 탄생 50주년을 맞아 오는 8월 '한국 현대시 100년 축제'를 연다는 어느 신문의 보도기사는, 산문의 시대 영상의 시대를 맞아 시의 입지가 좁아졌다고 전제하고 아마추어 시인은 폭증했지만 전업 시인은 발붙일 수 없다는 것과 무수한 시어가 범람하지만 한국어 공동체의 가슴을 두드리는 절창이 사라졌다는 것, 그리고 한쪽에서는 산문시를 비판하고, 다른 한쪽에서는 독자와 통하지 않는 난해시를 외면한다는 것이라고 진단한다.

이 같은 시의 암울한 현실을 타개하기 위해서 현대시 100년을 준비하는 시단의 공통된 바람은 "다시 시로 돌아가자"라는 것이라고 한다지만 그것은 상투적인 포즈로만 보인다. 그것은 결국 시가 현재 위기이기 때문에 시의 시대였던 지난날로 돌아가기 위해서 지난 시대의 패러다임을 회복하자는 논조다. 즉, 시성을 회복하자는 것인데, 과연 과거 회귀만으로 문제가 풀릴까 싶다.

시의 위기라는 말이 여러 번 나왔고 그때마다 거개 다시 시로 돌아가자라는 처방을 약방의 감초처럼 해온 것이 사실이다. 그러나 지금은 전 시대의 위기상황과는 다른 차원이라는 점에서 새로운 처방이 모색되어야 할 것으로 보인다.

나는 21세기 한국 현대시가 20세기의 시학인 언어예술에만 더 이상 묶여 있어서는 안 된다는 관점에서 다음과 같이 제언한 바 있다.

    21세기 시는 새로운 패러다임을 요구받고 있다. 활자문명에서 전자문명으로 바뀌고 있는 가운데, 시가 문자 미디어에 의존하던 20세기 시학과는 달리 21세기는 문자, 영상, 음향이 조합한 멀티미디어에 의존하지 않을 수 없는 환경에 놓여 있다. 시는 새로운 몸 바꾸기를 하고 있고 해야 하는 국면에 도달해 있는 것이다. 이제 현대시는 미래를 향하여 눈길을 돌려야 한다.

    오늘의 독자는 아날로그 시대의 독자가 아니고 오늘의 시인은 정보화 시대 이전의 권위적 시인도 아니다. 80년대 이후 서서히 문사적 전통이 소멸하기 시작하면서 오늘날은 시인으로서의 엘리트 의식은 현저히 축소될 수밖에 없는 국면이다. 주지하는 바와 같이 정보화 시대 이전에는 시인은 어쩌면 고급 정보를 제공하는 정보의 발신자였다 해도 과언이 아니다. 가령, 80년대 군사독재 시절 정보가 차단되었을 적에 시인들이 그 시대를 비판적으로 읽어 시로써 형상화해내면 독자들은 그 시를 통해서 당대 읽기를 했지만, 오늘날은 굳이 그럴 필요도 없고 또한 그렇게 시대를 읽어서 시를 쓰는 시인도 없는 듯하다. 80년대가 시의 시대가 될 수 있었던 것은 여러 이유가 있겠지만 시인이 정보 제공자 역할을 했던 것도 한 요인임이 분명하다.

90년대 이후 독자들은 80년대처럼 정보가 차단된 시대의 눈 어둔 독자가 아니다. 누구나 대학교육을 받은 평균적인 지식정보인이 되었고 PC, 인터넷의 대중화로 그것은 더욱 더 그러하다.

그래도 90년대의 유하 같은 경우는 80년대와 또다른 관점에서 시대 읽기를 하여 독자들의 공감을 얻기도 했다.

인터넷 경기북부지역 국어교사모임 카페 공개 게시된 글을 여기서 잠시 소개해 보고자 한다.「내 마음의 바람부는 날 나는 어디로 가야 하나?」라는 제목의 글인데, 이 글은 김은정이라는 필명으로 유하 시집 『바람부는 날이면 압구정동에 가야 한다』(1991)에 대한 독후감 형식이다. 유하는 "왜 바람부는 날 압구정에 간다고 했을까?"라고 제기하면서 텍스트 해석을 가한다.

솔직히 기대보다 유하의 시는 습작 수준의 수필 같았다. 시적인 압축의 묘미는 덜했다고나 할까? 하지만 영화「결혼은 미친 짓이다」를「말죽거리 잔혹사」를「비열한 거리」를 너무도 감동적으로 본 나로서는 유하의 가치관이 내 코드랑 잘 맞는 것 같다. 그래서인지 시적인 묘미는 덜했지만, 이 무식하고 세련된 현대에 대해 비아냥거리는 유하의 논법이 좋았다. 내가 제일 마음에 든 비아냥은 이 시다. (굵은 줄이 내가 유하를 좋아하게 만드는 표현들이다.)

라고 발언하는 데서도 알 수 있듯이 시를 읽는 수준이 상당해 보인다. 글쓴이는 유하의 독자이다. 전문 평론가는 물론 아닐 것이다. 그런데 위의 인용글에서도 드러나듯이 이 독자는 시인을 존중하는 순응적인 80년대의 독자와는 달리 비판적 지지 입장을 보인다. 아래는 이 독자가 유하를 비판적으로 보면서도 그나마 좋아하게 된 이유가 된 문제의 굵은 줄의 시구가 포함된 「바람부는 날이면 압구정동에 가야 한다 2」 일부다.

> 압구정동은 체제가 만들어낸 욕망의 통조림 공장이다
> 국화빵 기계다 지하철 자동 개찰구다 어디 한번 그 투입구에
> 당신을 넣어보라 당신의 와꾸를 디밀어보라
>
> 압구정동 현대아파트는 욕망의 평등 사회이다 패션의 사회주의 낙원이다
>   가는 곳마다 모델 탤런트 아닌 사람 없고 가는 곳마다 술과 고기가 넘쳐나니 무릉도원이 따로 없구나 미국서 똥구루마 끌다 온 놈들도 여기선 재미 많이 보는 재미 동포라 지화자, 봄날은 간다—
>   해서, 세속도시의 즐거움에 동참하고 싶은 자들 압구정동의 좁은 문으로 들어가길 힘쓰는구나

이 독자는 유하가 90년대를 읽고 형상화해 낸 위와 같은 시구들에서는 공감하고서 아래와 같이 적고 있다.

70년대는 밖에서 불어올 바람이라도 있었지만, 이제 90년대 바람은 내 안에서 후벼파는 허한 욕망의 앙탈일 뿐이다. 어디서 읽은 것 같다. 독재 정권 시절에는 '악'이 분명했기에 '선'도 분명했지만, 이제 90년대는 '악'이 분명하지 않기에 '선'도 분명하지 않고, 혼돈과 무관심만 남아있는 시대가 되었다고. 냉소의 시대, 내 마음의 바람이 불 때 욕망의 평등 사회에도 패션의 사회주의 낙원에도 끼지 못한 나는 어디로 가서 나의 바람을 잠재워야 하나?

이렇듯 90년대는 위와 같은 비판적 독자라도 확보할 수 있었기에 오늘날처럼 시가 절망적인 상황은 아니었다고 볼 수 있다. 그런데 2000년대 중반을 넘기고 있는 우리 시대에 과연 80년대는 차치하고 90년대 시인들만큼이나 독자들의 이목을 끌어당기는 시를 생산해내고 있느냐 하면 그렇지 못하다는 것이다. 80년대의 시인들은 문사로서 존경을 받았고, 90년대는 그렇지는 못해도 공감의 대상은 되지 않았던가.

오늘의 시는 흔히 운위되는 것처럼 자폐적이라고 할 수 있다. 이 말은 시인은 있는데, 독자는 없다는 의미다. 시는 시인들끼리 돌려 읽는 '은어'라고 해도 지나친 말은 아니다. 그런데도 불구하고 문단에서 어느 정도 이름을 얻었다고 스스로 생각하는 시인은 대단히 교만한 경우를 보게 되는데 대단한 아이러니다. 소위, 메이저 문예지나 중앙일간지 출신 중에서 그런 경우를 자주 목격하게 된다. 자칭 시를 잘 쓰는 시인은 과연, 우리 시대의 문화전선을 형성하는가 하면 그렇지가 못하다. 전 시대 전위적인 시인들이 담당했던 역할을 이제는 영화감독이나 비디오아트 등에게 넘겨주어버리고, 80년대의 시인은 고사하고 90년대의 시인 정도의 위상도 지니고 있지 못하면서, 특정 문예지나 동인 그룹 등 시단 권력의 섹터에 속한 시인들은 자신이 대단한 엘리트라고 착각하는 경우가 많다. 이런 경우 자신이 속한 섹터 바깥의 시인들은 제대로 인정해주려고 하지 않는 권위 의식이 유독 강하다.

우리 시단의 왜곡된 섹터주의는 참으로 큰 문제다. 허명만 높은 자칭 엘리트 시인이 있는가 하면, 무명이지만 따스한 가슴으로 시를 쓰는 시인이 있는데, 차라리 후자가 더 우리 시단에서 소중한 존재가 아닌가 한다. 아직 시단에 널리 알려져 있지는 않지만 지인인 한 시인의 시를 읽은 어느 독자가 쓴 편지를 읽은 적이 있다.

화제작이라 하여 읽어보지만 읽어보면서도 왠지 편하지 않다는 생각이 들곤 했습니다. 아무리 좋은 작품이라 할지라도 가슴을 울리는 감동과 여운이 없으면 독백이자 넋두리로 생각되어서지요. 단 한 줄의 시구라도 내안에서 곱씹혀지는 곰삭은 맛이 느껴져야 시가 곁에 오래 머물게 되는 데 말입니다.

선생님의 시집을 받아 조심스레 한 구절 한 구절 읽어내려가다 「꽃잎에 쓴 편지」에 이르러 눈물이 맺혔습니다. 「얼굴」에 이르자 지금은 세상을 버렸지만 고향 남자 친구 중 요절복통한 삶을 살다간 시인의 얼굴이 살아서 둥둥 튀어 올랐습니다. 젊은 한때 오래도록 가슴을 후비던 친구였습니다. 그 친구와 선배 판화가와 함께 시와 예술과 인생을 나름대로 열심히 논했습니다. 두서없이 어쭙잖게 주절댔던 우리들의 젊은 날은 이제 덧없이 지나가고 지금은 한 사람은 가고, 남은 사람은 중풍으로 어렵게 살아가고 있습니다.

작금의 시의 위상이 현저히 낮아진 것도 문제지만, 시단의 왜곡된 구조도 그 이상으로 문제인 것이다. 위의 예에서 보듯이 우리 시단을 그나마 이정도라도 지키는 것은 오히려 전위적 포즈나 시대의 주된 담론을 생산하지는 못하지만 진솔한 서정으로 독자의 가슴을 촉촉이 적시는 이 땅의 숨어 있는 무명 시인들이 아닌가 한다.

물론, 앞의 신문 지적처럼 아마추어리즘의 팽배도 문제이긴 하지만 따스한 가슴을 지닌 무명 시인들마저 폄하되어서는 안 될 것이다. 시대의 정신적 지주 역할도 못하면서 오히려 허명에만 사로잡힌 채 시단의 권력만 향유하려고 드는 자폐적인 자칭 엘리트 시인들보다는 스스로 시단의 민초라고 여기는 가슴이 따스한 무명 시인들이 더 소중한 존재라는 생각이 드는 것은 무슨 연유일까. 이제 시인들은 유명 무명을 가릴 것 없이 보다 더 겸손해야 하고, 자신을 돌아보면서 반성해야 될 시점을 맞은 것이다.

2. 시의 활로 모색, 디카詩

　오늘 우리 시의 굴절된 풍경을 두서없이 다소 주관적으로 횡설수설한 것 같아 송구스러운 마음이 든다. 그래서 추스르는 의미로 첨언하고자 한다.
　현대시 100년의 역사 속에서 아날로그 방식으로 시도될 것은 거의 다 시도된 듯하기 때문에 더 이상 독자를 매혹시킬 만한 시적 전위도 기대하기 힘든 상황이고, 과거의 시성으로 돌아간다고 해도 디지털 시대의 독자의 시선을 강하게 사로잡기도 힘들게 된 상황을 직시해야 할 것 같다.
　20세기 아날로그 방식의 시쓰기로 일관해서는 디지털 시대 우리 시의 미래는 어두울 수밖에 없다. 지금의 독자들은 디지털 시대의 멀티 독자들이다. 언제까지 종이 편지를 쓰던 독자로 인식하고 시를 쓸 것인가? 디지털 시대에 맞게 새로운 시의 몸 바꾸기를 모색하지 않으면 안 될 상황이 도래한 것이다. 이런 점에서 영상을 시의 텍스트 안으로 끌어들이는 작업은 피할 수 없는 과제가 아닌가 한다.
　내가 근자에 시도하고 있는 디카詩는 일례가 될 것으로 기대한다. 디카詩의 모색은 내가 주창하고 있는 것이지만, 이것은 결코 개인의 창조라기보다는 디지털 시대가 빚어낸 것이다. 내가 2004년부터 디카詩라는 이름으로 인터넷에 연재를 하고, 그것을 개인 디카시집으로 묶고, 2006년에는 『디카詩 마니아』라는 무크지를 창간하기도 하면서 디카詩 운동을 전개하고 있는 와중에『조선일보』에서 2007 사이버 신춘문예로 '디카에세이'라는 새로운 장르를 공모하여 큰 반향을 일으킨 바도 있다. 게다가 곧 우리 시조단의 원로 이상범 선생도 디카시집을 묶을 예정으로 있다.

꽃들도 사랑의 말 알아듣고 답하듯이

빛과 향 흩뿌리며 새가 되는 꿈을 꾼다

짝에겐 구애의 먹이 건네주며 입 맞추고

어느 날 새가 된 보금자리 암수 한 쌍

뽀뽀란 게 부끄러워 등 돌리고 모른 척 한다

꽃들은 아득한 꿈 속 새가 된 걸 몰랐다
— 이상범, 「보금자리-금난초에게」

이 시는 이상범 선생의 디카시집에 수록될 디카시조의 하나다. 선생의 장인정신이 빚은 아름다운 디카詩다. 선생은 디카를 들고 다니면서 시적 형상을 지니고 있는 꽃을 포착하여 찍고 그것을 포토샵까지 손수하여 다시 문자까지 곁들임으로써 명실상부한 디카詩를 창작해내었다.

이상범 선생은 시서화 삼절이다. 시서화 삼절이 디카와 만나서 디지털 시대의 새로운 진화된 시서화인 디카詩를 빚어낸 것은 우리시가 이제 시의 텍스트에 영상을 도입하는 쪽으로 진화하는 예표라 할 것이다.

이렇듯, 21세기는 시의 텍스트와 디지털 영상의 적극적 결합을 시도하는 멀티 시인들이 나타나 멀티 독자에게 새롭게 다가가는 노력으로 침체된 시단에 활력을 불어넣어야 할 것이다.(白紙시문학회 정기모임 강연요지. 2007년 2월 3일. 계룡산 동학사 계룡산장)

디카詩의 새로운 경지,
오늘의 패러다임 제시

1. 삼절과 디카

　오늘날 시인들은 많지만 장인정신을 지닌 시인은 드물다. 자본주의, 상업주의 시대를 사는 시인들은 어떻게든 자신의 브랜드 가치를 높이기 위해서 쉽게 인기나 재화와 영합한다. 우리 시대 예술의 가장 큰 병폐는 '경박성', '조급성'이 아닌가 한다. 쉽게 등단하고 싶어 하고 쉽게 유명해지려고 한다. 그러기 위해서 정도를 벗어난 일을 서슴지 않고 한다. 좋은 작품을 쓰는데 심혈을 기울이기보다는 정치권처럼 유력자에게 줄서기를 하려 하고, 예술적 혼이 깃들 시간도 없이 쉽게 작품을 써서 발표하고 쉽게 작품집을 묶는다.
　얼마 전 우리 시조단의 원로 이상범 시조시인을 만나서, 그가 2년 동안 작업해온 '디카詩' 원고뭉치를 받고, 경이로운 장인정신을 대면하면서 벅찬 가슴을 주체할 길이 없었다.

　이는 내가 '디카詩'라는 화두를 붙잡고 이미 디카詩集을 상재한 바 있고, 얼마 전에는 디카詩 전문 무크지『디카詩 마니아』를 창간하여 최근 2호까지 발간해 온 와중이어서 더욱 그렇게 느꼈을 것이다. 내가 주창한 디카詩는 오늘날 하나의 새로운 의사표현 매체로써 상용화되고 있는 디카(디지털카메라)를 활용한 디지털 시대의 새로운 시쓰기의 형식이다. 이미 조선일보가 '새 공간 새 장르'라는 관점에서 2007 조선일보 '사이버 신춘문예'를 한국 일간지 역사상 처음으로 오로지 인터넷 공간에서만 진행한 국민 백일장에 '디카에세이'(응모자의 디카로 찍은 사진과 함께 쓴 에세이)를 다른 3개 장르와 함께 공모하여 큰 호응을 얻은 바도 있다. 같은 맥락에서 디카詩도 이제는 낯선 개념이 아니다.

　디카詩는 디카로 찍은 사진과 함께 쓴 시라고 볼 수 있으나, 그렇게 단순한 개념이 아니고, 즉흥적으로 명명된 것도 아니다. 디카詩는 예로부터 시서화 일치의 전통성에 기저를 두고 있는 것이다.

　시서화 삼절은 선비정신의 표상이고 문인으로서는 갖추어야 할 덕목이라고 여긴 것은 동양문학적인 우리 문학의 전통이기도 하다. 시 속에 그림, 그림 속에 시가 있다는 것이나 그림은 소리 없는 시, 시는 형태 없는 그림이라고 일컬어지는 것은, 곧 시와 그림이 일체라고 보는 동양의 오랜 전통에 기인하는 것이다.

　이런 관점에서 畵題라고도 題贊이라고도 하여, 그림으로 다 나타내지 못한 그림의 뜻이나 창작동기 등을 드러내기 위해서, 혹은 작품에 대한 감상 등을 문학적으로 표현하기 위해서 그림에 곁들여 글씨를 적었다. 화제의 대부분은 시로 적어 넣는데 작가 자신이 직접 쓰기도 하고 친구나 감상자가 감상과 품평의 성격의 글을 적기도 했다. 이런 것이 지속되면서 시서화가 하나의 작품 속에서 조화되고 일체가 되는 경지에 이르게 된 것이다. 우리나라에서는 고려 후기에 문인화가 소개되면서 쓰이기 시작했고 조선 후기에 성행했다고 전해진다.

시를 지으면 자연히 글씨를 쓰고 그림을 그리게 되는 친연성에서도 시서화는 사대부의 일반교양이었을 만큼 친숙한 것이었지만, 오늘날에 이르러서는 시서화 삼절은 찾아보기 힘들게 되었다. 시인과 서예가와 화가는 물론, 시인과 화가를 한 몸에 지니는 사람도 드물다. 그런데 이상범 시인은 우리 시대의 흔치 않은 삼절이다. 시와 글씨와 그림에 모두 뛰어난 시인인 것이다.

이상범 시인은 1963년 『시조문학』지에 3회 추천 완료로 시단에 등단한 이래 1964년 화가 김인중이 그림을 그린 제1회 이상범 시화전을 개최, 1967년 첫시조집 『일식권』을 육필로 출간, 1969년 본인의 시서화로 제2회 시화전, 1973년 역시 본인의 시서화로 제3회 시화전을 개최하고, 2002년에는 본인의 시서화집인 『詩人의 感性畵帖』을 출간한 바 있다.

그가 등단한 이듬해 바로 시화전을 개최하고, 육필로 첫 시조집을 출간한 이후 시서화를 한 것이 40년 가까운 세월이다. 그에게서 시서화 삼절의 품격이 현대로 계승되고 있는 셈이다.

그런데, 시서화 삼절의 경지에 오른 선생은 디카를 활용하여 새로운 시조 쓰기의 장을 연 것이다. 소위 말하는 디지털 시대의 새로운 장르로 떠오른 디카詩의 또 하나의 가능성을 제시하고 있는 것이 바로 선생의 디카시조다.

선생은 지난 2년 동안 건강 회복을 위해 손바닥 안에 드는 소형 디카를 들고 산과 들의 야생화와 원예장의 꽃을 두루 섭렵하며, 꽃에 담긴 시의 형상을 디카로 포착하는 작업을 해왔다. 한 작품을 얻기 위해서 때로는 200회가 넘게 찍고 또 찍고 하였다. 그래서, 추리고 버리기를 반복하다가 한 작품을 건지게 되면 예술성과 선명성의 확보를 위해 포토샵까지 직접 했다.

> 그림(사진) 가운데 우주가 있었고 섭리가 숨쉬고 있으며 세상의 온갖 형상이 숨어 있어 시의 출산을 돕고 있었다는 것을 알게 된 건 실로 큰 수확이 아닐 수 없다

인용글은 '시인의 말' 일부다. 여기서도 확인되듯이 이상범의 디카시조는 꽃으로 표상되는 우주의 본질과 형상을 디카로 포착하여 멀티 언어예술로 표현한 것이다.

앞서 지적한 대로 시서화에서도, 그림과 시의 경계를 넘나들면서 그림이 시고 시가 그림이 되는 국면을 맞아 이 둘이 한 몸으로 만나서 하나의 텍스트로 자리하기도 한다. 그런데, 여기서 디카詩는 한걸음 더 나아가서 피사체와 디카사진의 경계마저 지우는 것

으로, 이는 디카詩의 여러 가지 미학 중에서 가장 주목할 만한 것이다. 따라서 디카詩는 시적 대상과 예술의 경계마저 무화시키면서 기존의 시서화에서 진일보하고 있다고 보아야 한다.

이렇듯 시서화의 삼절이 우리 시대에 새로운 붓의 환유적 상징인 디카(문덕수는 '디카'가 시쓰기에 도입되는 모든 도구의 환유적 상징이라고 명명한 바 있다)를 만났으니 디지털 시대의 새로운 시서화의 경지를 열 수 있을 것으로 기대되는 것이다.

2. 새로운 패러다임

이제 이상범 디카시조의 실체에 접근해보자.

그의 디카시조는 시적 형상 '날시(raw poem)'를 지닌 사물(꽃)을 디카로 포착하여 사진으로 조형한 후에 문자의 옷(선생은 직접 글씨를 쓸 수 있는 능력도 있지만 이번에는 가독성의 편의 때문에 인쇄체로 하고 있다. 하지만 디카詩展 같은 경우에는 손수 쓰면 더욱 돋보일 것이다)을 입힌 것이다.

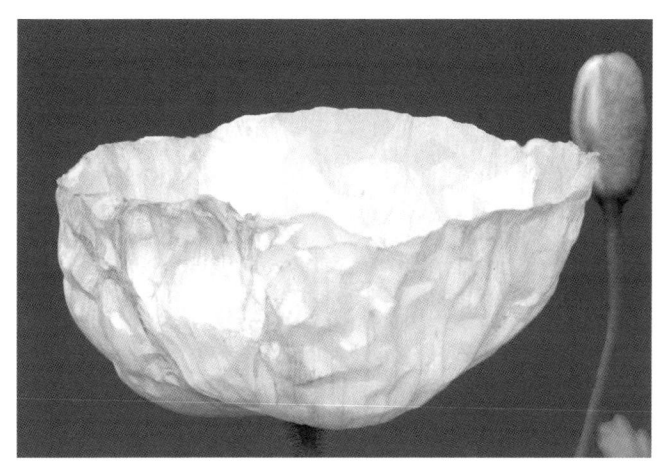

천년 전 빛난 문화 흙의 잠을 털어낸다

칠흑 속 일그러진 금빛 때깔 다시 찾아

황금의 잔을 돌리던 그 얼굴을 헤아린다.

출토된 귀부인의 곡옥이며 귀걸이 들

지체 높은 사람들 금빛 잔에 띄우던 미소

토기의 술잔에 어린 그 얼굴도 보고 싶다.

―「금잔金盞-두메양귀비에게」

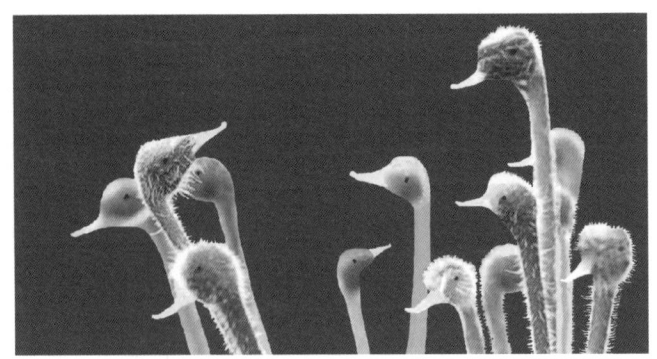

분명 제비꽃인데 꽃잎 지면 타조 떼

너른 들 달리는 꿈 감춰둔 뜻 있었나 보다

긴 목에 솜털의 잔 머리 꽃 아녀도 어여쁘다.
—「타조 군락-암동제비에게」

위의 두 사진은 지시적 의미가 아닌, 내포적 의미가 형상으로 드러나는 경우다. '두메양귀비꽃'이라는 지시적 의미는 지워져 버리고 천 년 전 흙 속에 잠자던 金盞이라는 내포적 의미로 형상화된다. '암동제비'도 마찬가지로 암동 제비꽃이라는 지시적 의미는 지워져 버리고 타조 군락이라는 내포적 의미로 형상화된다.

이상범의 디카시조의 사진은 곧바로 시적 형상, 시적 기호가 된다.

동부전선 어느 골짜기 이름 모를 녹슨 군번

앞의 반은 지워지고 뒷부분은 희미하다

그것을 83330 빨간 열매가 적고 있다.

동부전선 어느 격전지 아주 잊힌 군번 하나

거기가 여기 같고 여기 또한 거기 같은

침 발라 83330 서툴게도 메모한다.
—「83330-좀작살나무에게」

  이 사진은 지시적 의미가 흔적 없이 지워지고 또다른 의미, 곧 내포적 의미를 조형화하고 있음을 더욱 선명하게 보여준다. 그러니까. 이상범은 사물을 지시적 의미로 읽지 않고 곧바로 시적 형상으로 포착하는 것이다. 이것이 소위 '날시(raw poem)'라는 개념이 된다. 그가 날시를 디카로 접사하여 사진으로 뽑아내는 작업도 하나의 예술적 행위에 속한다. 즉 앞서 지적한 바대로 포착한 날시를 보다 선명하게 드러내기 위해서 포토샵까지 하는 것이다. 이 포토샵 작업도 그에게는 매우 정교한 예술적 행위에 속한다.

여기서 특기할 것은 그가 사물에서 포착하는 시적 형상은 아래 작품 같은 경우에는 선험적 경지에 도달한 것처럼 보인다는 점이다.

무쇠가 끓을 때 기능장은 빛을 읽는다

녹인 무쇠 쏟을 때의 그 순한 무쇠 빛깔

쇳물도 무르익으면 고요하고 고요하다

—「용광로-선인장에게」

　이 사진 같은 경우는 시적 형상을 선험적으로 포착한 것이다. 육안을 넘어서 무의식의 심안으로 읽고 디카로 접사한 것이다. 선인장 꽃 속에서 용광로 쇳물 속의 절정의 고요를 읽어내는 것에서는 선험적 획득이라고 말할 밖에 다른 무엇이 없다.
　이상범은 사물에 감추어진 시적 형상을 직관으로 읽어내거나 혹은 선험으로 읽어내는 놀라운 능력을 드러내고 있다.

　디카詩에서 시적 대상은 사진과 문자가 하나의 텍스트로써 형상화되는데, 이번 그의 작업도 마찬가지다. 즉, 시적 대상인 날시로서의 사물을 디카로 찍은 사진과 문자, 즉 멀티 언어로 표현한 것이다. 기존의 시서화 일체라는 관점에서 시와 글씨, 그림이 하나의 몸으로 한 공간에서 조화되는 일체의 경지가, 디카詩에 이르러서는 접사 포착이 손쉽게 이루어지는 디카의 등장으로 시인이 날시를 즉석에서 포착해낼 수 있게 됨으로써 또다른 경지를 열고 있는 것이 이상범의 디카시조에서도 확연하게 드러난다.
　그러면 앞의 논의를 기저로 하여 「작은 기도-섬개미취에게」라는 작품을 대상으로 보다 구체적인 창작 과정을 살펴보자.

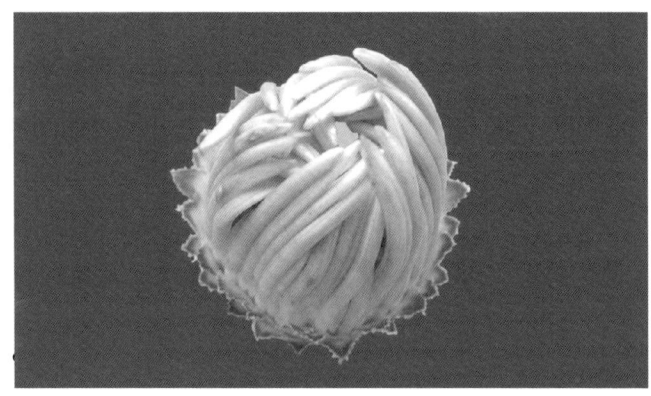

누군가 뜨거운 기도 함께 올리고 있다

아기 손 양손으로 감싸 풀어주고 싶은 소망.

저마다 간절한 희구 합쳐지는 천수천안

조막손도 힘을 보태 목숨이 숨쉬는 집

무엇이 돼가는 공간 흰 나비 떼 설렌다.
—「작은 기도-섬개미취에게」

이상범은 '섬개미취'라는 꽃에게서 어리고 작은 아기손을 모아 올리는 간절한 기도라는 시적 형상, 즉 '날시'를 읽어내었을 것이다. 여기서 시적 형상, '날시(raw poem)'라는 개념은 시의 소재라는 개념과 달리, 꽃이 이미 스스로의 상상력으로 작은 기도의 형상을 지니고 있었던 것이고, 시인은 견자로서 그것을 단지 포착한 것으로 보는 것이다.

그러면 그 형상을 디카로 찍어야 하는데, 그것이 쉽게 포착되지 않아서 100여 회 이상 찍고 또 찍어서 겨우 한 장을 얻게 되었다면 이는 이상범의 장인정신의 발로다. 그리고 나서는 시인 자신이 읽은 시적 형상을 보다 선명하게 드러내기 위해서 포토샵, 즉 바탕화면에 진초록을 깔고 작은 기도의 형상을 보다 효과적으로 드러내기 위해서 꽃 주변을 세필로 형상화하는 등등의 작업을 한다. 그 다음 '작은 기도'의 문자화 작업을 한다.

그런데 자칫 이상범의 디카시조가 꽃을 테마로 하는, 단순히 유미주의적 경향으로 그치거나 아니면 재치 있는 비유 구조 정도로 인식될 우려가 없지 않은데 실상은 그렇지가 않다. 그의 디카시조는 다양한 테마와 풍부한 시성을 함의하면서도 아래와 같은 의미 있는 두 가지 경향이 주조를 띤다.

허공을 바라보던 눈길 돌려 들꽃을 본다

떨고 있는 꽃술 위에 하늘 또한 떨고 있어

눈부신 꽃들의 순수가 하늘임을 알았다.

―「하늘-달맞이꽃에게」

 이 시를 보면, '달맞이꽃'이라는 들꽃이 초점화되지만 그것은 하늘과 조응하는 존재로 드러난다. 떨고 있는 꽃술 위에 하늘 또한 떨고 있고, 그래서 꽃과 하늘은 서정적 동일성을 획득하면서 눈부신 꽃들의 순수가 곧 하늘임을 깨우치고 있다. 참으로 아름다운 서정의 우주적 조응을 보인다. 이 작품과 같은 계열로 「별과 교신하며-엘레강스에게」, 「목탁-흰매발톱에게」, 「천상의 악기-달개비꽃에게」, 「별 이야기-뚝갈에게」, 「한 곳을 향한 빛-흰매발톱에게」,

「소수서원에서-큰 소나무에게」, 「극락조 하늘을 날다-스위트피에게」, 「종이배-호리호스에게」, 「예인에게 띄우는 별의 말-해국에게」, 「바람 손-우산이끼에게」, 「샹드리에-가솔송에게」, 「순리順理-용담에게」, 「눈꽃-연잎꿩의다리에게」, 「하늘 물-수원잔대에게」 등은 우주와 자연, 인간의 조응 같은 형이상학적 세계를 드러낸다.

몇 잔 술 했다고 스스로를 잃지 않아

꽃술의 잠망경을 살짝 올려 세상을 본다

산발한 화상이지만 볼 건 되다 보며 산다.
—「잠망경-술패랭이에게」

이 시에서는 '잠망경' 형상을 포착하여 노래하고 있지만 '술패랭이'라는 지시적 의미가 지워진 잠망경이라는 시적 형상이 다시 중층코드를 구축하면서 또 하나의 형상을 드러낸다. 그러니까, 그것은 '산발한 화상', 곧 우리 시대의 하찮은 민초라고 볼 수 있다. 겉으로 보기에는 술에 취해 보잘것없는, 어수룩한 존재로 살아가는 듯해도 세상을 다 읽고 천기도 안다는 것이다. 결국 술패랭이라는 작은 꽃의 풍자성과 상징성은 민중의식으로까지 뻗치고 있는 셈이다. 역시 이와 같은 계열로 「작은 촛불 모임-크로커스에게」, 「불새의 노래-사피니아에게」, 「마을은 온통 개판-골무꽃에게」, 「꿈 이야기-러브체인에게」, 「부황의 먹거리-무릇에게」, 「자물통-보라매발톱에게」, 「침묵의 기도-담쟁이넝쿨에게」, 「비단을 구기듯이-장미에게〉, 「노을 젖은 작은 행복-낮달맞이에게」 등은 우리 시대의 폐부를 찌르는 짙은 풍자와 상징으로 민중의 염원이나 분노, 혹은 소외받는 자에 대한 애정 같은 현실주의적 지향이 두드러진다.

이상범의 디카시조는 얕은 유미주의나 단순 비유의 언롱을 넘어서 형이상학적 세계와 현실주의적 지향이 짙은 고도의 텍스트성을 확보하는 것이다. 이로 보건대 그의 디카시조는, 혹자들이 디카詩가 사진을 병치함으로써 시성을 훼손할 수 있다고 우려하기도 하는데, 이런 혹자들의 우려마저 일소에 부치게 한다.

그의 디카시조에서 또 하나 눈여겨보아야 하는 것은 디카詩에서 거론되는 시적 주체의 의미다. 시라고 번역되는 영어 포에트리의 어원인 희랍어 포이에시스(poiesis)가 '제작'이라는 뜻임을 상기하면, 시인인 포에트가 '제작자'로서 허구의 세계를 창작하는 사람이라는 의미를 지닌다. 그런데 디카詩에서는 에이전트나 파인더 정도로 시인의 주체성은 큰 변화 양상을 보인다.

이상범의 디카시조의 주체 역시 포에트라는 개념보다는 에이전트나 파인더 쪽으로 기울고 있다. 그의 디카시조에서도 확인되는 바와 같이, 디카詩에서 시인은 객체적 주체가 된다. 이 말은 오히려 사물이 주체가 되고 시인은 객체가 된다는 것이다. 게다가 시인이 사용하는 디카는 기존의 시인들이 단순한 시적 도구로서 사용하던 연필이나 펜과는 다른 국면이다. 연필이나 펜이 시인에게는 도구적 기능으로 그쳤지만, 디카詩에서 디카는 시인과 동업자로서 참여하는 것이다. 이런 관점에서도 디카詩에서의 시인은 기존 시인의 개념과 많은 차이가 난다고 볼 수 있다. 따라서 디카詩에서 시인의 개념이나 역할은 큰 파장을 유발한다고 하겠다.

또한 사물과 사진과 문자의 텍스트성도 주목의 대상이다. 기존의 시가 언어예술로서 사물을 형상화한다고 하면, 디카詩는 사진영상과 문자를 같은 레벨로써 사물을 포착한다는 점에서 멀티 언어예술성을 띤다. 물론 예전에도 시서화의 전통적 맥락에서 그림과 문자, 문자와 사진을 조합한 시도가 있었지만, 디카詩에서 사진영상과 문자가 하나의 텍스트를 구축하는 것은 좀 더 색다르다 하겠다. 이전에는 그림(사진)은 그림대로 문자는 문자대로 존재하다가 이 둘이 점점 가까워져오면서 어떤 경우에는 그림에 문자가 들어와 종속적으로 혹은 보완적으로 동거하기도 했지만, 디카詩에서는 사진영상과 문자가 동등한 레벨로 한 몸이 된 것이다.

이상범의 디카시조에서도 시적 형상을 지닌 날시인 사물(꽃)을 디카로 접사하여 사진영상과 문자로 표현해낸 것은 앞서 지적한 바대로 사물(꽃)과 사진영상과 문자가 거의 동일 레벨을 구축한다. 사물이 그대로 영상화된 것이 사진이고, 문자 역시 사물에 숨겨져 있는 시성의 발로다. 이렇듯 그의 디카시조는 기존 디카詩에서 거론되었던 시적 대상론, 멀티 언어의 텍스트성, 객체적 주체론 등 다양한 관점에서 디지털 시대 시의 새로운 패러다임을 구축하는데, 소중한 텍스트가 되는 것이다.

3. 디카詩 논의 촉발

이번 이상범 시인의 디카詩 실험은 시단에 충격을 가하고도 남는다. 아날로그 시대 상징 같은, 시조단 정상의 원로 이상범 시인이 디카시조라는 새로운 실험을 하고 있다는 것부터가 화제를 몰고 오는 것이다.

그의 디카시조는 디지털 시대 시의 새로운 패러다임을 여는 디카詩의 정본 텍스트가 되면서 그동안 디카詩에서 사진과 문자가 하나의 텍스트라는 관점에서, 간간히 제기된 '사진'의 아마추어리즘에 대한 문제와 사진이 병치됨으로써 야기된다고 보는 시성 훼

손 우려 문제를 일거에 불식시킨다. 이는 시서화 삼절의 경지에 도달한 시인이 장인정신으로 빚어낸 사진영상은 그 자체만으로도 예술의 경지에 도달하고 있고, 또한 사진과 문자의 텍스트성도 기존 문자시의 시성 이상이기 때문이다.

따라서 이상범의 디카시조는, 다양한 관점에서 디지털 시대 새로운 장르 가능성을 보이는 디카詩의 품격을 높이면서 디카詩 담론을 더욱 촉발시킬 것으로 기대한다.(이상범 근간 시집 『꽃에게 바치다』 해설)

제2부 디카詩 모색을 위한 대담

디카詩의 대중성

MC : 디지털 카메라가 대중화되면서, 인터넷 세상도 풍요로워 졌습니다. 직접 찍은 사진으로 홈페이지를 꾸미는 모습을 아주 쉽게 접할 수 있는데요. 사진은 그 자체로 커다란 울림을 가지고 있지만, 사진에 걸맞는 아름다운 시가 곁들여져 있다면 감동은 배로 전해 옵니다. 그런데, 사진과 시가 따로 놀지 않고, 원래 한가족인 것처럼 묶여 있다면 어떤 느낌일까요? 2004년부터 국내에서 '디카詩'라는 새로운 시문학 장르를 개척해온 분이 있습니다. 말 그대로 디지털 카메라와 시를 결합한 새로운 시도라고 할 수 있겠는데요.

창신대학 문예창작과 이상옥 교수, 이 시간에 만나보겠습니다. 안녕하세요?

이 : 네, 안녕하세요.

MC : 잠시 설명을 하긴 했지만, 좀 더 구체적으로 말씀 부탁 드릴께요. 디카詩, 어떤 걸까요?

이 : 기존의 시가 언어예술이라면, 디카詩는 언어예술을 넘어서고 있습니다. 디카詩는 문자 언어에서 디지털 언어로 넘어가는 매체 변화에 따른 시의 자연스러운 몸 바꾸기의 한 형태라고 보면 됩니다. 따라서 디카詩는 기존의 문자시와 다른 독특한 미학을 지니고 있습니다. 디카詩는 언어 너머의 시, 곧 '날시(raw poem)'를 디지털카메라로 찍어 문자 재현한 시입니다. 다시 말해, 디카詩는 이미 일상성을 넘어서 있는 사물의 상상력, 자연의 상상력, 즉 신의 상상력을 찍어 보여주는 것이라고 할 수 있습니다. 디카詩는 기존의 시사진 같은 시와 그 시에 어울리는 사진의 조합이 아니라, 사물이나 자연 속에 존재하는 시의 형상을 찍어 언어의 옷을 입혀 보여주는 것입니다.

MC : 요즘 세대를 영상 세대라고 하기도 하는데요. 디카詩의 탄생도 이와 무관하진 않을 것 같아요. 어떻습니까?

이 : 네, 앞에서도 잠시 말씀 드렸습니다만, 디카詩는 디지털 영상 세대의 상상력을 반영하는 새로운 시입니다. 문학사나 예술사를 보면, 매체의 변화에 따라 문학이나 예술은 자연스럽게 진화해

왔습니다. '20세기의 시'라고 하는 개념은 문자 매체의 산물이지요. 문자가 발명되고 인쇄 매체가 고도로 발달하면서, 20세기는 문자시의 꽃을 활짝 피웠습니다. 문자 이전의 음성 언어가 주도하던 시대에는 문자시는 존재하지 않았습니다. 이른바, 민요 같은 짧은 노래 형식이 음성 언어 매체 시대의 시였죠. 바야흐로 이제는 디지털 시대입니다. 디지털 시대는 문자 언어를 넘어서는 디지털 영상 언어 매체 시대입니다. 그래서, 최근에는 디카詩 외에도 멀티시, 영상시 같은 새로운 시형이 나타나고 있지요. 디카詩는 디지털 카메라나 폰카 같은 디지털 세대의 새로운 표현 매체의 등장과 함께 드러난 디지털 시대의 새로운 시의 장르라고 하겠습니다.

MC : 새로운 문예사조다. 이런 말도 있지만, 시대에 편승해 잠시 반짝이는 아이디어일 뿐이라는 말도 있어요. 디카詩가 영속성을 가질 수 있을까요?

이 : 새로운 문예사조라고 보아야 합니다. 디지털 시대의 의사소통은 디지털 영상 언어로 이루어집니다. 디지털 영상 언어는 문자 플러스 영상이지요. 곧 디지털 영상 언어는 멀티 언어입니다. 디지털 시대에는 문자시는 문자시대로 발전하겠지만, 역시 대세는 디카詩나 멀티시 같은 다양한 새로운 시 형태가 주도할 것입니다. 디지털은 하나의 새로운 문예 사조의 화두이기 때문입니다. 그런데 멀티시, 영상시 같은 것은 사이버 공간에서만 소통되지만, 디카

詩는 사이버 공간과 종이책, 혹은 전시 공간에서 소통될 수 있기 때문에 더욱 소통성이 폭넓은 장점이 있습니다. 또한 디카시는 예술성과 대중성을 어우르고 있기 때문에 그 가능성은 무한합니다.

MC : 문예창작과 교수님이시니까 시문학에 대해선 당연히 조예가 깊을 것이다, 이렇게 생각할 수 있지만요, 사진은 어떤가요? 예전부터 사진에 대해서도 관심이 많았던 건가요?

이 : 저는 사진에 대한 조예는 아직, 없습니다. 그렇지만 저는 사진을 좋아합니다. 저의 큰딸을 강권하여 사진과에 가도록 할 정도이지요. 저는 운전할 때나 산책할 때 사물의 상상력이 이미, 일상성을 넘어 예술적 상상력을 띠고 있는 것을 발견하고는 저것을 순간적으로 포착할 수 없을까 하고 생각한 적이 많았지요. 그런데, 디지털카메라가 나오면서 저의 꿈을 이룰 수 있게 되었습니다. 디카는 극순간을 사진의 조예와는 상관없이 포착할 수 있지요. 디카詩는 극순간 포착 예술이기 때문에, 사진 기술보다는 시를 포착하는 시를 볼 수 있는 눈을 지니는 것이 더 중요합니다. 디카詩를 쓰기 위해서 사진에 조예가 깊으면 좋겠지만, 꼭 그렇지 않아도 상관은 없습니다.

MC : 창작 작업은 어떤 식으로 하게 되나요?

이 : 디카詩는 극순간성의 예술이기 때문에 창작도 순간적으로 이루어집니다. 운전을 하다가 혹은 산책을 하다가, 아니면 연구실에서 창밖을 바라보다가 문득 시의 형상을 포착하게 될 때, 그 순간 바로 디카로 찍고, 그것을 가능하면, 곧바로 문자 재현합니다. 창작방법 면에서도 문자시와는 다르지요. 문자시는 시적 소재를 발견하면, 그 소재에 시인의 상상력을 부가하여 매우 고뇌하며 창작을 합니다. 따라서 문자시를 창작할 때는 언어의 조각가가 되어야 하는 것이지요. 언어를 깎고 다듬고 하지요. 그러나 디카詩는 조각가가 아니고 수석을 발견하는 사람과 같습니다. 이미, 완성되어 있는 예술을 발견하는 것이지요. 따라서, 극순간 포착이 이루어지는 발견의 시학으로 귀결됩니다. 비유로 말하면, 이해가 될까요. 문자시를 창작하는 것이, 조각가가 작품 소재인 원석을 가지고 그것을 작가의 상상력으로 조탁하여 비너스를 형상화하는 것이라면, 디카詩는 자연에 산재해 있는 수많은 원석들 중에서 이미, 비너스 형태를 띤 것을 찾아서 그것이 비너스임을 포착하는 것이지요.

MC : 일반인이 디카詩를 어떻게 받아들여야 할지, 조언을 좀 해주세요.

이 : 대중가요와 시의 정서가 다르듯이, 디카詩와 문자시의 정서도 다릅니다. 문자시는 고도의 상상력으로 삶의 심층을 다층적으로 드러냅니다. 이에 비해 디카詩는 극순간의 삶의 표정, 진실 등

을 드러냅니다. 디카詩의 역할은 한마디로, 극순간 포착을 통해서 예술적 감동을 주는 것입니다. 현대인들은 다들 너무 바쁩니다. 그런 현대인들에게 생수 한 병과 같은 정서적 갈증을 한순간 해소해 주는 역할만으로도, 디카詩는 존재 의미는 있는 것이 아닐까요.

MC : 지난해에 디카시집 『고성 가도(固城 街道)』를 출간하고 지난달에는 전시회도 열었던 걸로 알고 있습니다. 반응을 직접적으로 살필 기회였겠는데요, 어떻던가요?

이 : 디카詩의 대중성을 확인하는 좋은 기회였습니다. 디카시전에서 19점의 작품을 출품했는데, 저가 소장하는 1점 외는 다 판매를 했습니다. 이례적으로 대중 매체인 TV 라디오 같은 방송에서의 관심도 굉장했습니다.

MC : 끝으로 앞으로 활동 계획이 있다면 좀 전해주세요.

이 : 조만간 한국의 대표 시인들에게 디카詩 청탁을 하여 한국 대표 시인들이 쓴 디카시집을 묶을 것이고요. 이 시집을 텍스트로 디카시론 정립에 더욱 주력할 것이고요. 궁극적으로는 디카시 전문지를 창간하고, 디카詩 상설 전시장인 디카詩 갤러리 건립도 구상하고 있습니다. 또한 디지털 세대들에게 디카詩를 보급하기 위해서 고등학생들을 대상으로 하는 디카詩 특강에 주력할 것입니

다. 얼마 전에는 김해 중앙여고에서 디카詩 특강을 하였고요. 다음 주 목요일에는 진주 삼현여고 학생들을 대상으로 디카詩 특강을 합니다. 그리고 하동 금남고등학교에서도 특강이 잡혀 있습니다. 또한 다음 카페에 있는 '디카詩 마니아'에 관심 있는 네티즌들의 참여를 권유하고, 또한 오프라인 모임도 구상하고 있습니다.

MC : 지금까지 창신대학 문예창작과 이상옥 교수와 함께 말씀 나눠봤구요, 오늘 말씀 고맙습니다.(진주 MBC 라디오 '아침을 달린다' 2005년 9월 10일 오전 8시 45분 방송)

디지털 시대와 디카詩

이 : 김열규 교수님, 반갑습니다. 이번에 제가 디카 전문 무크지 『디카詩 마니아』를 창간하게 되었습니다. 창간 기념 초대 대담자로 우리나라 대표적인 인문학자이시며 민속학자이신 교수님을 모시게 되어 무척 영광스럽게 생각합니다. 요즘 근황은 어떠신지요? 서울에서 고향인 경남 고성으로 오신 지가 벌써 10년이 넘으셨지요?

김 : 네, 14년 정도 되었어요.

이 : 각 매스컴에서 교수님을 취재하던 때가 엊그제 같은데 벌써 그렇게 되었군요. 그때 매스컴에서 '낙향' 했다는 기사에 발끈하시던 모습이 떠오릅니다. 『빈손으로 돌아와도 좋다』라는 귀향 소회를 담은 에세이집도 발간하셨는데요. 고성에 오신 이후 요즘 어떻

게 지내시는지요?

  김 : 디카詩와 연관되는 분야라고 할 수 있는, 사진을 찍는 사람이 있습니다. 고성 사진, 즉 고성의 자연을 찍어 책을 내려고 하는데 그 책의 제목을 『고성 통신』 또는 『자란만 통신』으로 할까 기획 중이더군요. 사진이 많으니까 영상 이미지 효과가 큰 에세이집이지요.

  그런 반면 요즘 아쉬운 점은, 인간과 자연이 멀어지는 것이 한심하다 못해 슬프기까지 합니다. 예컨대, 예전에 동양인들이 자연을 얘기할 때 그 정신을 사랑하고 존경한다고 하는 반면 서양인들은 자연을 정복했다고 했었습니다. 그런데 그것이 새빨간 거짓말이었다는 게 요즘 드러나고 있지요. 헨리 데이빗 소로우(Henry David Thoreau) 作 『G콩코드 숲속에서(월든 : 숲속의 생활 Walden ; or Life in the Woods)』가 다시 미국에서 대중화되면서 '자연으로 돌아가자'라고 부르짖고 있거든요. 우리보다 더욱 경건하고, 정신적이며 영적이라고 생각합니다. 거기에 비해 우리는 자연을 한갓 놀이터로 생각하고 자연을 경제적인 착취의 대상으로밖에 생각하지 않아요.

  다행히 이교수의 디카詩 일부가 자연을 잡아내고 있어, 디카詩라는 장르에 대한 관심을 통해 다시 자연으로 시심을 돌리는 계기가 되지 않을까 생각합니다.

이 : 감사합니다. 교수님. 디카詩에 대해서는 나중에 본격적으로 질의하기로 하고, 교수님 근황에 대해 더 여쭙고 싶습니다. 교수님의 삶 자체가 어떻게 보면 언어로 표현하지 않았을 뿐이지 시가 아닐까요? 귀향해서 살고 계시는 교수님을 취재하는 것이 詩作行爲라고 생각합니다. 그런 의미에서 교수님의 삶이라든가 세계관에 대해 듣고 싶습니다. 디카詩 마니아들에게도 또 다른 의미를 느끼게 할 것입니다. 교수님, 내려오실 때 50대 후반이셨던가요?

김 : 예, 59세였지요.

이 : 그러셨군요. 그때 서강대학교 국문과 교수로서, 학계나 문단의 중심에 계시다가 지방대학으로 내려오실 결심을 하기가 쉽지 않으셨을 겁니다. 보통 사람이라면 서울에서 자신의 꿈을 펼치고자 하는 것이 인지상정인데, 정상의 위치에 있으면서 가장 왕성한 활동을 할 시기에 귀향하게 된 동기가 있으신지요?

김 : 굳이 문화적인 배경이라고 한다면 제 문학공부에 영향을 준 사람들이 있습니다. 외국문학 또는 외국 시에서 받은 감화도 크지만 수필가인 헨리 데이비드 소로우(Henry David Thoreau), 화가인 안트리오 와이에스, – 대담을 하는 탁자 유리 아래 그의 작품이 놓여 있었다. – 사진가인 안셀 아담스(Ansel Adams) 등입니다. 세 사람 모두 공교롭게도 미국인입니다. 와이에스는 미국 동부 대

도시에서 교육을 받았음에도 불구하고 나머지 생애를 숲속에서 살며 그림에 바쳤고, 아담스는 '하버드'에서 공부를 마치고 공원이 좋은 나머지 그곳에서 살면서 사진만 찍은 사람입니다. 소로우는 콩코드 숲속에서 일생을 보내면서 글을 쓴 사람이지요.

그때 나는 생각했습니다. '아, 이게 뭔가?' 라고. 지금 우리나라에서 고산 윤선도나 정철을 말할 때 그들이 쓴 自然頌歌를 많이 떠올립니다. 그것을 제가 직접 강의를 하기도 했습니다만, 우리가 흔히 물질적, 상업주의적이라고 잣대질하기 쉬운 미국인들이 도리어 오늘날 우리보다 孤山이나 정철다운 것이지요. 좀 과장해서 말하자면 민족적인 자서전 중에서 참회록을 겸해서 쓴 것이라고 할 수 있겠습니다.

예컨대 정치나 경제를 하는 사람들은 서울로 가는 것은 피치 못한 일일지도 모릅니다. 그러나 문학이나 예술을 하는 사람들이 굳이 서울로 몰려가는 것은, 저 같은 '청개구리'는 이해할 수 없는 일이라고 봅니다.

내가 평생 좋아하는 시인, 라이너 마리아 릴케가 말년에 쓴 거작 「두이노의 悲歌」·「오르페우스에게 바치는 소네트」는 둘 다 자연에 바치는 송가를 겸하고 있습니다. 그래서 내가 고향으로 돌아가지 않으면 나를 스스로 배반(또는 배신)하는 것이라고 생각하는 간절함이 생겨났지요.

첫 번째 문화적인 배경에 이어 개인적인 면으로 보면 어머님에 대한 애틋한 연민이 고향으로 돌아오게 하였습니다. 당신이 서울

살이 하실 때 늘 고향으로 돌아오고 싶어 하셨는데 제가 그렇게 못해드렸습니다. 부모가 살아 계실 적에는 효도를 못하고 돌아가시고 나서 후회하는 경우가 많은데 저 또한 그러합니다. 어머님에 대한 애석함 즉 어머님의 넋이 쓰인 모양이라고들 하지요. 그래서 돌아오게 된 것입니다.

고성에 돌아와 어머님과 같은 연배이시며 같은 해에 시집오신, 지인이셨던 분께 인사를 여쭈니 "어이구, 문어 새끼만 할 때 떠나더니 얼구('열구'를 이중모음에 서투른 경상도식 사투리로 부른 말)가 왔구나." 하시더군요. 그때 제가 느꼈지요. '이렇게 멋진 시를 들어본 적이 있었던가!' 라고. '문어 새끼'라고 얘기할 수 있는 것은 바닷가에서 삶을 보낸 사람이 아니면 '애기'를 두고 함부로 말할 수 있는 것이 아니거든요. 그분께서 말씀하시기를, "자네 자당께서 돌아가시기 전 해에 다니러 오셔서 고향으로 많이 돌아오고 싶어 하셨지. 고향 그리는 정을 토로하고 가셨어"라고. 그래서 '아, 역시 돌아오길 잘했다' 고 생각했습니다.

이 : 예전에 교수님께서도 말씀하신 적이 있습니다만 중앙(서울) 집중적이던 문학예술 현상이 지금은 많이 분산되고 완화된 느낌입니다. 우연의 일치인지 모르지만 교수님이 내려오신 이후로 각 지역마다 문예지들이 많이 창간되었습니다. 제주도『다층』, 대구『시와반시』, 부산『시와사상』 등 지역문학지가 많이 발간되고, 또 문예창작과가 개설되어서 굳이 서울에 있지 않더라도 지역에서도 자

신이 추구하는 문학적 활동을 할 수 있는 여건이 많이 조성되었지요. 제가 지역에 있으면서도 『디카詩 마니아』를 창간할 수 있게 된 것도 어떻게 보면 문화적 여건이 많이 좋아진 징표가 아닌가 합니다.

어쨌든 교수님께서 서울 중심에 계시다가 지역 중심으로 이동하신 것은 중앙지에서 다룰 정도로 이례적이었기 때문에, 그런 의미에서 지역문화 형성에 교수님께서도 일정 부분 기여를 하지 않았나 생각합니다.(다 같이 기분 좋은 웃음)

차차 문학에 대한 이야기로 옮겨가겠습니다만 좀더 교수님의 삶을 듣고 싶습니다. 제가, 지난해에 어머님을 여의고 여동생이 병마와 싸우게 되면서 삶이란 무엇인지에 대한 질문을 더욱 절실하게 하게 되었습니다. 문화예술을 이해하기 위해서는 삶을 이해해야 한다고 봅니다.

오늘 제가 고향 마을에 가서 이모님과 어려웠던 삶의 궤적에 대해 이야기를 나누었습니다. 그중 외할아버지께서 가족들 부양을 위해 일본으로 갔다가 차별 대우를 견디지 못해 고통받았던 얘기라든가, 양식이 떨어져 쑥을 뜯어먹고 도토리를 주워 먹었다는 얘기, 또 저의 어머님께서 정신대를 피하기 위해 열세 살에 시집을 오셨다는 말씀, 그리고 이모님이 살고 계신 고향 동네 옛 어른들은 가까운 마산에도 한 번 나가보지 못하고 돌아가신 분들이 대다수라는 말씀 등을 들었습니다. 그 당시에는 생존 자체를 위한, 생명을 이어간다는 측면에서 오늘 우리들이 생각하는 것과 같은 문학,

예술을 할 수 있는 분위기가 아니었던 것이지요. 물론 그런 가운데서도 문학예술이 꽃피기도 했을 것입니다만.

지금은 경제적인 문제가 어느 정도 해결되면서 21세기는 문화의 시대라고 하지만, 디지털 혁명이 일어나면서 삶의 진정성이 더 혼란스러워지는 것 같습니다. 문학예술이라는 것이 삶을 텍스트로 해서 이루어지는 것이라고 생각했을 때 교수님은 삶을 어떻게 보시는지, 어떻게 사는 것이 올바른 삶이라고 생각하시는지 듣고 싶습니다. 종교를 비롯한 폭넓은 관점에서 어떻게 살아야 하는 것이 바른 삶인지 말씀을 좀 해주시지요.

김 : 거기에 대해서는 답변을 회피하는 것이 가장 현명한 대답일 것 같습니다. 현명한 사람이라면 입을 닫고 말을 하지 않겠지만 나는 현명하지 않다고 생각하고 말씀드리겠습니다.

살아가는 것은 고통(아픔, 서러움, 고달픔, 외로움, 눈물, 애달픔, 뼈저림, 애가 타는 것, 애가 끊기는 것 등)과 친해가는 것입니다. 한국어만큼 고통을 육체적인 언어에 걸어 다양하게 표현하는 언어는 없다고 생각합니다. 그래서 세계적인 언어지요.

삶이 고통과 가까워지고, 친해지고, 함께 한다는 것을 선조들이 지식을 습득하기 전에 몸으로 체득하며 살았다는 거지요. 이곳 마을에는 남편을 일찍 여의고, 자식들까지 외지로 떠나보낸 후 홀로 사시는 노인들이 계십니다. 그들은 하루 종일 밖에서 일을 하고 돌아와서는, 일 년에 몇 번 자식들이 다녀갈 때 말고는 늘 혼자서 잠이 듭니다. 처마 밑에 長明燈을 켜 놓고 잠드는데 제가 바라보면서 그럽니다. 저분들의 삶에 대한 자세가 종교이며, 일과 고통이 낙으로 몸에 스밀 때까지 고통을 긍정해가는 과정, 그것이 삶이라고. 아마 기독교 정신으로 봐도 마찬가지일 것입니다. 내가 가톨릭 학교인 서강대에 30여 년 가까이 있었기 때문에 조금은 풍월을 읊습니다만, 저는 예수가 골고다 언덕을 올라갔기 때문에 승천이 빨라진 것이라고 감히 말합니다. 기독교에 대한 정신은 고통을 시인하는 것이지요.

또 불교에서도 해탈이라는 말을 씁니다. 그 해탈이라는 말은 절대 고통이 없는 곳으로 간다는 것이 아닙니다. 석가는 단 한 번도 그렇게 말을 한 적이 없습니다. 고통을 시인하고 고통 안에서 참선을 하는 것이라는 뜻입니다. 마을 분들이 기독교정신이나 불교정신에 다가간 경지를 혼자서 몸소 그대로 실천하며 살고 있기 때문에 저는 교회에도 안 가고, 절에도 안 가는 대신 저들의 삶을 지켜보며 종교를 찾습니다.

거듭 말씀드리지만 산다는 것은 고통에 대한 시인입니다. 주어진 삶을 스스로 창조해가는 것이라고 할 수 있습니다. 태어나기 전에는 삶에 대한 선택의 기회가 없었지만 태어난 뒤에는 나의 선택입니다. 우리말에 '복 받는다'는 말이 있지요. 저는 그 말을 아주 경멸합니다. 그러나 '복'이 붙어 좋은 말이 있지요. 경상도 할머니들이 잘 쓰는 말로 '복을 짓는다'라는 말입니다. '복 짓는다'는 것은 창조한다는 말이기 때문에 자신의 삶도 지어가는 것입니다. 자신의 삶을 선택해서 만들어가는 데 그 마지막이 죽음입니다. 죽음이 찾아왔을 때, 지나온 내 삶이 터무니없는 것이 아니고 내가 가고자 하는 대로 되었다면 복을 지었다고 할 수 있는 것이지요.

그러한 과정이 이루어지기를 바라는 것이 제 꿈입니다. 예컨대 고통을 보고 "너 잘 왔다"라고 하지는 못하지만 죽음 앞에서 "오시긴 오셨네요. 들어오세요, 앉으세요" 정도는 말할 수 있어야겠다는 거지요. 이것이 요즘 제 삶에 대한 태도입니다.

이 : 삶은 고통에 대한 응전인 듯합니다. 얼마 전에 작고한, 백남준의 지난 삶을 이야기하는 보도기사가 많았습니다. 그중 제게 인상적이었던 부분은 그의 정신이 위대했다는 것입니다. 말년에 뇌졸중을 앓아 반신만 사용할 수밖에 없는 상황에서도 끊임없이 창작에 대한 혼을 불태웠다고 하면서 그가 이렇게 말했다고 하더군요. "내 육체의 반만 해도 예술창작에는 충분하다. 완전할 때보다 창조적 상상력이 증폭된다"고. 경상대학교 국문과 신경득 교수도 거의 시력을 잃었는데, 학생들의 구술을 듣고 끊임없이 논문을 쓰면서 건강한 사람들 못지않게 학문적 업적을 이루는 것으로 알고 있습니다.

어차피 인간은 완전하지 않기 때문에 정도의 차이가 있을뿐 누구에게나 고통은 실존의 문제가 아닐 수 없습니다. 그래서 고통은 문학예술의 본질과도 관계가 있을 것이고요. 앞에서 예거한 것처럼 고통을 승화시키면 오히려 더 위대한 학문적 성과와 함께 예술을 창작할 수 있는 원동력이 되는 것이겠지요.

  이제 시에 대한 이야기로 넘어가겠습니다. 시가 어떻게 발생했으며 지금의 시로 오기까지 시 형식 변화에 대한 말씀을 듣고 싶습니다. 음성 언어에서 문자 언어로, 이제는 디지털 언어(멀티 언어)로 바뀌면서 시의 '몸바꾸기'가 이루어지고 있는데 이에 대한 정리를 부탁드립니다.

  김 : 시의 기원을 말하라고 하니까 어렵습니다. 여러 가지 국면에서 봅시다. 먼저 하나는 인간의 정신적인 놀이(유희) 가운데서 언어가 가장 큰 몫을 차지하고 있습니다. 아이들이 아무 의미 없는 소리들(이거리 저거리 각거리, 얼레리 꼴레리 등)을 내는 것이 있는데, 어리석은 사람들은 거기에 뜻을 부여하려고 합니다. 그런 사람들은 시나 인간의 말에는 반드시 의미가 있어야 한다고 생각하더라고요. 그 안의 말은 인간 소리 그 자체에 매력을 가장 잘 살린 것입니다. 고려가요에 '아으 얄리 얄리 얄라성 얄라리 얄라'가 있습니다. 그 얄리 얄리 얄라성은 'ㅏ, ㅣ, ㅏ, ㅣ'로 된 모음과 자음인 'ㄹ'과 'ㅅ', 'ㅇ'의 기막힌 대조로 이루어진 말입니다. 'ㄹ'은 물 흘러가는 소리, 'ㅇ'은 굴러가는 소리, 'ㅅ'은 바람 부는 소리인데 물 흐르고 바람 불고 그리고 자갈이 구르는 겁니다. 얄리 얄리 얄라성을 만든 그 언어적인 감각이라면 능히 '얼레리 꼴레리, 이거리 저거리 각거리'를 만들어낼 수 있었던 것이지요.

  그 얄리 얄리 얄라성 연장선상에 아리랑이 있습니다. '야'라는 발음은 언어학에서 전문적으로 요디렌이라고 합니다. '얄리 얄리'에서 'ㅏ'를 빼면 아라리 즉 아리랑이 됩니다. 그런 의미에서 소리의 기막힌 기교가 시 발생 동기의 하나라고 할 수 있습니다.

그것 말고 영적으로, 정서적으로 따질 때 어떻게 되느냐면 인간 정서 가운데 시가 맨 꼭대기입니다. 시를 서정이라고 부르는데 그 서정이라는 것이 인간 정서 중에서 가장 상위에 놓인다는 말이지요. 가령 그것이 노여움, 슬픔, 기쁨이든 상관없습니다. 또 시와 나란히 인간 정서 맨 꼭대기에 무엇이 있느냐 하면 신앙입니다. 세속적으로 영혼과 정서의 꼭대기, 그 신성한 세계에서 인간들이 창조에 바친 것이 시라고 했을 때 그런 시 정신과 같이 가장 높은 곳에 위치한 것이 종교라는 것입니다.

인간들이 가장 최초로 바친 참회가 시였습니다. 이 선생 같은 기독교인들은 성경의 시편을 너무나 잘 알고 있을 것입니다. 그 정신을 시는 내내 이어받아가지고 오는데, 그럴 때 한국시사나 동양시사나 구라파시사에서는 큰 맥의 하나가 그 인간 정서와 영혼을 교회나 종교를 통해서 승화하고 정화할 때, 우리는 인간생활의 정서 속에서 하거나 자연 속에서 하거나입니다. 일부의 시인들은 대자연 속에서 영혼과 정서를 내 것으로 가져가는 맨 꼭대기에서, 또 다른 시인들은 인간 현실 속 비참함을 통해서 그것을 나타낸다고 볼 수 있죠.

이런 두 가지 경지를 몸소 가진 시인들이 많습니다. 말하자면 대자연 속에서의 자극과 또 인간생활의 가혹한 자극을 동시에 변주

하는 것입니다.

　중국의 두보 같은 시인이 대표적입니다. 어떻게 보면 모순처럼 보입니다만, 두보는 인간의 눈물겨운 현실과 자연에 바친 송가로 함께 읽혀집니다. 그런가 하면 또, '내가 한 말이 참새가 되고' 아니면 '나무에 떨어지는 갈잎이 되고' 하는 느낌 없이 두보를 읽을 수 없습니다. 거기에 비해 우리나라의 중세기 시는 너무 일방적입니다. 윤선도나 정철의 시에는 현실이 없다는 것이지요.

　한쪽에서는 언어 자체를 극대화하면서, 한쪽에서는 인간 정서와 영혼을 종교의 세계만큼 높이 가져올라가는 데서 시가 탄생되었는데 그 흐름은 한쪽에서는 자연의 송가로, 한쪽에서는 인간 현실에 대한 긍정으로 나타난 겁니다.

　그런 점에서 볼 때 오늘날 시의 상태는 매우 심각합니다. 이렇게 말해서 안 됐지만 우리나라 젊은 시단에서 시가 베스트셀러가 되었다고 했을 때 "이게 무슨 말이야? 나더러 이걸 믿으란 말이야?"라고 했었습니다.

　적어도 어느 수준 이상의 예술이 대중적인 인기를 누린 일은 거의 없다시피 합니다. 종교가 고고하듯이 예술도 대체적으로 그러합니다.

　예컨대 20세기 초기 위대한 시인인 독일 릴케, 프랑스 발레리는 시집을 500부 이상 판 적이 없어요. 더구나 라이너 마리아 릴케는 인세를 받아본 적이 거의 없었다고 합니다. 우리나라에서도 그동안에는 안 그랬는데 요새 와서 시가 베스트셀러가 되더라는 거지요. 그것을 좋게 말하면 대중과 함께했다고 할 수 있습니다. 그러나 대중과 함께한 것은 좋았는데 까딱하면 시가 본래 인간의 모든 것의 꼭대기에 가야 하는 정신을 포기했을지도 모른다는 생각이 드는 거죠. 그래서 불행히도, 내가 말한 그런 문학은 현재 큰 위기에 봉착해 있다고 볼 수 있습니다.

요즘 제가 책방에 가서 책 팔린 동향을 알아보곤 하는데 우리나라 산문의 끝이 이청준 언저리라고 생각합니다. 그런데 판매가 지지부진한 것을 보면 문학의 위기라 아니 할 수가 없는 거죠. 소설이 이러할진대 시도 마찬가지입니다. 이러한 위기에서 그나마 문학을 어떻게 살리느냐는 물음을 던지는 입장에서 볼 때 이 교수가 시도한 디카詩는 문학이 사라질 수도 있는 이러한 곤경에서 하나의 희망인 거죠.

제가 우연히 엔터테인먼트 세미나에 참석했을 때 서울 디지털 대학의 교수가 강의 제의를 해 와서 승낙을 하게 되었습니다. 불과 5년 전 쯤에 이런 강의를 맡아달라고 했다면 저는 화를 냈을 것입니다. 그런데 어느새 내가 그 강의를 맡아 있더라는 것입니다. 내가 나도 모르게 달라져 있더라는 것이지요.

오늘날 엔터테인먼트라는 말이 대중문화에서 거의 쓰이지 않는 곳이 없습니다. 현대생활과 산업구조의 80퍼센트 정도가 그러합니다.

대중예술이나 오락만이 엔터테인먼트가 아닙니다. 심지어 정부도 그렇다고 봅니다. 병원도 엔터테인먼트가 되어야 되고 각 가정도 그렇다고 볼 수 있습니다.

　예술론가로서 저는 대단히 보수적인 사람입니다. 한때 작가들도 싫어할 정도로 보수적이었는데 나도 모르게 변해 있더라는 거죠. 이 선생도 원래 그런 시를 쓰는 사람이 아닌데 내가 엔터테인먼트 강의를 맡을 만큼 달라지는 동안에 이선생도 디카詩로 달라져 있더라는 것이지요. 그래서 오늘 동지를 만난 것 같아 반갑습니다.(웃음)

　이 : 말씀하시는 가운데 자연스럽게 시의 본질이 나왔고, 발생 배경이라든지 디지털 시대의 시에 대한 문제까지도 말씀하셨습니다. 우리나라가 80년대까지만 해도 시의 밀리언셀러 시대였습니다. 그때는 시의 부흥기라고 할 수 있는데 그렇게 팔리는 현상은 아주 이례적이라고 할 수 있었습니다.

　김 : 심하게 말하면 대중가요 수준 같은 참담한 현실이라고 할 수 있죠.

　이 : 교수님 말씀처럼 시 정신이, 시 영혼이 상승되어야 하는 것이 시의 본질인데, 백만 명이나 읽었던 그 사람들이 종교적, 정신적 경지를 가지고 읽었을까 싶지만 또 한편으론 그 시대가 그리워질 만큼 독자가 드문 것도 현실입니다. 시인들만이 시의 독자라고 할 만큼 시의 위기라고 볼 수 있지요. 그래서 시단이 기형화되었다고도 합니다.

그나마 지금은 시의 진정한 가치를 향유했던 좋은 독자마저도 외면하고 있다는 점에서 더욱 시의 위기라고 할 수 있는 것입니다. 대중가요적인 관점에서 시를 읽지 않는, 즉 예전의 대학지성인이라면 『창비』나 『현대문학』 등의 문예지를 통해 정서를 단련했는데, 그 사람들마저 사라져가고 있습니다.

김 : 그리고 인간의 위기고.

이 : 그런 측면에서 교수님은 엔터테인먼트 강의를 맡고 계시고 저는 디카詩를 쓰고 있다는 것은 시사하는 바가 큽니다. 패러다임의 대변화가 일어났다는 것을 실증하는것이지요. 이는 곧 20세기와 21세기의 차이점이 아닌가 생각합니다.
이제 자연스럽게 디카詩에 대해서 말씀을 나누고 싶습니다.
요즈음 문자 언어를 넘어서서 문자와 음악, 동영상, 즉 디지털 멀티 언어가 주요 소통 수단이 되면서 자연히 그런 형태를 이용한 새로운 예술 형태가 나타나고 있습니다. 제가 디카詩라는 것을 쓰고 있습니다만 이미 멀티시라고 해서 지금 인터넷 상에 보면 시와 문자와 동영상, 그림, 애니메이션 등이 결합하여 자연스럽게 한 장르로서 구축되고 있습니다.
그리고 새로운 장르들이 속속 생기고 있는데 그것이 아직 완전히 정착되었다고 할 수는 없지만 이런 식으로 나가는 것만은 분명합니다.

기존의 시도 디지털 시대의 상상력을 수렴하면서 발전합니다만 저는 패러다임의 변화에 따라서 기존의 시와 다른 디카詩라는 것을 구상해 본 것입니다. 제가 운전을 하고 다니면서 만나게 되는 장면에서, "시가 문자 속에만 있는 것이 아니다. 저것은 문자로 표현되지 않았을 뿐 시다"라고 느꼈습니다. 예컨데, 어떤 풍경을 목격하게 될 때 '아, 저것은 그냥 사진만 찍으면 시인데' 라는 생각을 가진 적이 많았습니다.

그러나 사진에 대한 기술이 없어 아쉬워하다가 요즘 즉석에서 찍고 볼 수 있는 디지털 시대가 열리면서 이제 인간의 상상력 이전에 이미 자연이나 신이 말하고 있는 것을 디카詩로 나타낼 수 있게 되었습니다. 인간에게 정신과 육체가 있듯이 저는 사진과 시는 동체라는 개념으로 디카詩를 생각하고 있습니다. 기존의 시화라는 개념으로 생각하는 것이 아니지요(시화는 먼저 시를 써 놓고 나중에 거기에 맞는 사진을 찍는다든지 그림을 그린다든지 하지요). 디카詩 이전에도 시가 언어를 넘어서고자 하는 구체적인 운동이 많이 있어 온 걸로 알고 있습니다. 시를 언어 외에 어떤 다른 물질로서 표현하려고 하는 그런 시도가 있었고요. 그래서 제가 디지털카메라를 가지고 시를 표현하는 방식은 어떻게 보면 어느 날 갑자기 생긴 것이 아니라 기존의 구체시 같은 실험적·전위적 운동과 맥이 닿아있는 것이 아닌가 생각합니다.

제가 『고성 가도』라는 디카시집을 내고 『환승역에서』라는 시집에서도 일부 시도하고 또 최근에 『디카詩 마니아』를 통해서 본격적으로 디카詩 운동을 전개하고 있는 것에 대해 교수님께서는 어떻게 생각하시는지요?

김 : 그것은 복잡하고 어려운 명제입니다. 여러 가지를 말씀하셨는데 그중에, 시가 이제 와서 또는 근자에 와서 시각화 되었다 또는 공존화하려고 들었다 하는 표현에 대해서는 잘못 오해할 수 있습니다.

시서화하기 전에 서구만 하더라도 이미 시의 두 가지 이념으로 한쪽에는 음악이 있었고 한쪽에는 미술이 있었습니다. 그것과 거의 같은 시기로 영국에서는 이미지스트들이 시를 철저하게 이미지화하였습니다.

그럴 때 영국의 이미지스트와 마찬가지로 우리나라에서도 그런 분들이 있습니다.

한 예로 황순원은 원래 시를 쓰지 않았습니다. 그가 쓴 단 한 줄의 시, 「빌딩 – 하모니카 불고 싶다」가 있는데 그것은 이미지스트들의 영향을 받았다고 할 수 있지요. 그때 만약, 시 제목으로 '동산에 떠오르는 보름달'을 그려놓고 저보고 그와 같은 시를 써보라고 한다면 '단감 먹고 싶다' 라고 했을 것입니다. 그것이 이미지스트들이 추구한 것이죠.

그런가 하면 같은 시기인데도 프랑스 상징주의자들은 시가 철저하게 음악이 되어야 한다고 했습니다. 그러고 보면 시는 뮤즈입니다. 모든 예술이 시인 거지요. 인류역사가 생기고 나서 음악과 미술이 합일하는데, 시를 통해서 하자는 움직임을 계속 보여 왔다는 것입니다. 대표적인 것이 오페라입니다. 그것이 포스트모더니즘 시대 혹은 IT산업 시대(비주얼-Visual)인 현대에 와서 시각론에 디자인, 패션, 컬렉터, 이미지가 들어갑니다. 지금까지 인류 시사나 예술사를 얘기할 때 디자인, 패션 등이 실용예술론으로 들어가리라고는 상상도 못했던 일입니다. 이렇게 시각적으로 다양한 언어들이 문화를 판가름하기 시작했다는 것은, 입의 말(입말)이 독과점을 하고 있었는데 그 입말의 독과점이 좀 물러서라는 것, 즉 이제는 눈의 말(눈말), 코의 말(코말) 등 다른 감각의 언어들이 다양화되는 것이라고 할 수 있습니다. 그것은 문화 전반에 생겨나는 '다양화, 다변화로 표현될 수 있는데 모든 예술 장르가 합쳐진다는 뜻이지요. 그렇게 볼 때 오늘날의 문화가 다변화, 다양화하듯이 다른 감각의 언어도 입말의 자리에 들어서서 다양화하고 또 그것들이 하나로 어울리는 것이라고 볼 수 있는 것입니다.

이런 시대에 이 선생의 '디카詩'도, 당연히 누군가 해야 하는데 다른 시인들이 미처 못하는 사이에 이 선생이 포착한 것입니다.

또 하나는, 아까 언어를 초월한다고 말씀하셨는데 거기에 우리는 단서를 붙여야 됩니다. 서구 시론에서 20세기 중엽까지 시는 철저하게 언어였습니다. 시가 곧 언어였지요.

한편 동양에서는 이렇게 얘기한 것이 있습니다. 정암 조광조의 시화에서 "시에서 언어는 뗏목과 같은 것"이라고. 뗏목은 강 건너갈 때까지만 필요하지요. 건너고 나면 뗏목은 버립니다.

그래서 동양 시론에서 시는 철저하게 언어를 넘어선 경지였습니다. 특히 불교에서 말하는 禪과 관련이 있습니다. 불교에서 모든 진리는 언어를 넘어섰다고 하는데, 예컨대 불립문자, 진리는 문자가 안 된다는 것입니다. 침묵이 최고의 진리라는 거지요. 이것은 동, 서 이론의 기막힌 대립입니다. 한쪽에서는 철저하게 언어로, 한쪽에서는 침묵이었으니까요.

문제는, 침묵을 어떻게 이해해야 하는가입니다. 침묵은 언어를 넘어서 있으면서도 그 언어의 종국적인 다변화를 포섭하는 것입니다. 그래서 불교(또는 선)에서의 침묵이나 진리가 언어로 표현되지 않는다고 했을 때 언어로 표현 안 될 것을 포괄하겠다는 뜻입니다.

재미있는 경우로, 일본의 선 전문가이자 분석심리학자가 있습니다. 그 사람은 영어도 아주 잘하는 사람으로, 미국에 가서 동양시론을 강의하는데 미국 대학생들이 알아들을 수가 없었습니다. 알아듣지 못하니까 그들이, '당신의 시(진리)는 언어가 안 된다.' 라고 말했다는 겁니다.

옛날에 동양인들이 시에서 언어를 초월하고 싶을 때 눈으로는 못 볼 불가시의 세계에 진리가 있고 종국적인 것이 있다고 보았는데, 오늘날에는 인간이 보조적인 기구를 가지고 불가시한 것들을 전부 볼 수 있게 되었습니다. 뇌 또는 천체망원경으로 태양계 말고 다른 우주 무한대 바깥을 가시의 세계로 들여다보게 된 것처럼 사람들의 내부 세계도 들여다보게 된 것입니다.

그래서 인간의 초월을 말할 때 두 가지로 말할 수 있는데 하나는 인간영혼 내부고 하나는 저 우주 바깥을 말하는 것입니다.

그런 점에서 눈이 입 보고, '너 여태까지 잘난 체 했지? 네가 한 것이 무어냐?' 결국 내가 본 것을 글로 고친 것밖에 더 있느냐?' 라고 할 수 있는 것입니다.

이제 비주얼디지털 시대가 왔는데 일상에서도 호응하는 생활을 이미 하고 있습니다. 아마 각 가정에서 TV나 DVD 앞에 앉은 시간이 독서하는 시간보다 많다는 것은 의심할 여지가 없을 겁니다. 그러니까 모든 게 시각화되어가는 세태 속에서 사람들은 읽는 것보다 보는 것에 길들여지기 시작한 겁니다. 여태까지 독서라면 읽기 즉 reading인데 seeing이 압도하는 시대가 왔으니 어떻게 되겠습니까. 모든 예술이 시각적으로 또는 인간 표현 자체도 그렇게 된다는 거지요.

시각적으로 고착될 때 한 가지 걱정이 있습니다. 인간 신경조직 아니면 인간의 호르몬 조직, 인간의 생리 조직까지 다 들여다보이게 된 것입니다.

얼마 전에 방송에서, 부부가 결혼한 이후 그 열정적인 사랑 기간이 대개 2년을 못 넘긴다고 하는 것을 들은 적이 있습니다. 그것은 호르몬 작용 때문이라고 하더군요. 그 고귀한 사랑의 정신이 호르몬 작용으로 가고 있으니 어떡합니까? 인간이 철저하게 물질화한다는 것입니다. 거기에 대해 나는 상당히 반감을 가지고 있습니다. 그렇다면 사랑은 그게 다라는 말입니까? 지금까지 고귀한 사랑의 정신에 예술이 얼마나 많은 환상을 바쳐왔습니까? 오페라가 그러했고, 이 땅의 많은 사람들이, 상당수의 시가 사랑이라는 것에 맥을 못 추었습니다.

호르몬의 작용이 오늘날 정밀 정보시스템으로 바뀌어가게 되었고 그 안에 움직임도 포함되었습니다. 그런 의미에서 정신과 영혼 세계, 시인들이 그 찬미를 바쳐왔던 세계가 이제는 뇌시경으로 찍혀질 수도 있다는 겁니다. 따라서 그런 시의 변화에 맞춰서 디카詩의 탄생이 당연한 것이라고 봅니다.

내가 영상 아티스트였던 백남준을 처음에는 좋아하지 않았습니다. 하지만 그가 디지털 세계에서 최첨단을 걸었던 것은 의심할 여지가 없습니다. 그래서 나 같은 사람이 지금 곤경에 빠져있는 거지요.(다 같이 웃음)

이 : 교수님, 제가 최근에 디카詩를 시도한 것은 여러 가지 이유가 있습니다만 어떻게 보면 예술에 대한 상상력의 고갈 의식에서도 기인하고 있습니다. 여태까지 어떤 예술이라는 것이 창조라는 개념 즉 무에서 유를 만들어내듯이 어떤 소재를 가지고 새로운 사물로 만들어내는 것이라고 생각해 왔습니다.

언어를 넘어선다는 것도 언어가 가지고 있는 지시적 의미를 넘어서서 새로운 언어를 만든다는 관점에서 인간의 상상력으로 뭔가 새로운 것 즉 자연을 소재로 한다면 그 자연보다 더 승화된 것을 보여준다든지 하는, 인간의 어떤 창조적 상상력에 큰 의미를 두고 있는 게 아닌가 생각합니다. 그런 측면에서 예술가는 창조주와 같은 개념이었습니다. 그런데 20세기의 시가 이제까지 시도할 만한 것은 거의 다했기 때문에, 즉 자연을 소재로 새로운 어떤 것을 만들어내려고 하는데 이미 기존의 시인들이 시도해 버렸다는 거지요. 그런 면에서 고갈 의식을 느낀다는 것을 말할 수 있습니다. 그래서 21세기 들어와서는 생각을 바꾸어서, 시인이라는 개념을 어떤 창조적인 개념보다 일상인들이 아직 발견하지 못한 것을 발견해서 보여주는 에이전트(agent, 대리인) 개념으로 바꾸는 것도 한번 고려해보는 것이 좋지 않겠는지요?

인간이 위대한 상상력으로 만든 것, 조각을 예로 들면 위대한 조각가가 원석을 가지고 자기의 상상력을 개입하여 만들었을 때, 만약 그것이 이미 자연의 상상력으로 이루어진 것을 뛰어 넘지 못한다고 느꼈을 때 인간의 상상력이 초라하게 느껴지지 않겠는가 하는 겁니다. 즉, 예술적 시도는 할 만큼 다 해버렸다는 고갈 의식과 함께 자연의 위대한 상상력을 다시 주목하자는 논리로 21세기 시를 논의해보자는 것입니다. 그런 측면에서 제가 말하는 디카詩라는 것이 인간의 상상력은 최소화되고 이미 인간의 상상력보다 더 위대한 자연의 상상력으로 되어 있는 것을 포착해 내는 것입니다.

김 : 제가 대학에서 시론 강의를 오래 했지만 시론 강의할 때 가장 중요한 것 중 하나가 눈으로 본 것을 표현하는 테크닉이었습니다. 방금 에이전트라는 말을 써서 발견이 창조를 대신한다고 했지만 창조에는 당연히 발견이 같이 합니다.

예컨대 그것을 가장 극적으로 말한 사람은 프랑스 랭보입니다. 랭보는 19세 때 시의 절정에 이르렀는데 프랑스 현대시사에서 발레리와 거의 맞먹는 사람일 것입니다. 그는 시를 말하기를, 무아경(voyant)이라고 했습니다. 그 voyer에 ant를 붙여 voyant, 즉 동작개체를 말하는데 그것은 보는 사람을 말하는 것입니다. 시인은 곧 보는 사람이라는 것이죠. 그것을 우리 식으로 표현하면(한문을 빌어 표현하면) 詩人은 '視人'이라는 겁니다.

그래서 상상력이 고갈되었다고 해서는 안 될 것 같습니다. 상상력 자체가 발견이기 때문입니다. 상상력 고갈이라고 하지만 오늘날 환타지라는 것은 상상의 새로운 창조라고 볼 수 있거든요.

예를 들면 '해리포터'가 있습니다. 안 보려고 했는데 아이 때문에 마지못해 보게 되었습니다. 동화가 상상력의 꽃인데 종래의 동화가 못 치러낸 상상력을 환타지가 해내고 있는 것으로 보았습니다. 전통적인 문학 내부에서 작용하던 그 상상력은 그대로 있을지 모르지만 상상력이 환타지 차원으로 올라섰다고 할 수 있습니다. 환타지 차원으로 올라설 수 있었던 것은 버추얼 리얼리티(Virtual Reality, 가상현실)의 덕분입니다. 말하자면 디지털이 만들어 낸 버추얼 리얼리티(Virtual Reality), 현실이 아닌데도 더 현실적인 것으로 나타난다는 겁니다.

인간들은 오랜 꿈을 여기서 이루려고 했는데 종래의 사람들이 환타지에다 리얼리티라는 말을 붙여볼 생각을 못했던 것을 이제는 감히 그 환타지에다 버추얼 리얼리티라고 붙이는 거지요. 오늘날 이미 있는 자연만 가지고 리얼리티를 표현하려는 것은 그만두라는 겁니다.

그런 의미에서, 상상력이 고갈된 나머지 디카詩가 나왔다고 하면 어떻게 보면 디카詩에 대한 '명예훼손'이라고 볼 수 있는 것 아니겠습니까?

오히려 그 상상력은, 즉 시의 버추얼 리얼리티와 더불어 시 속에 이루고 있는 리얼리티 세계는, 리얼리티 세계를 만들어낸 디지털 과학이 아니었다면 불가능할 이야기입니다. 그래서 조금 더 능동적으로 평가를 해야 할 것입니다.

미국이 일본의 신비주의를 탐내서 NHK에서 보도하는 것을 보고 내가 그랬습니다. 한국에도 삼국유사, 수이전 등의 환상이 있는데 서구인들이 일본으로만 갈 것이 아니라 한국으로 와야 한다고요.

이 : 교수님 말씀 들으니까 상상력의 새로운 지평을 인식하지 않을 수 없군요. 21세기 들어와서 시인들의 시에도 환상적인 리얼리티, 환상성이라는 게 드러나기 시작했습니다. 이는 기존의 시적 상상력의 고갈의식의 타개책으로써 기능한 면도 없지 않을 듯합니다.

김 : 네, 승화했다고 할 수 있지요.

이 : 어떤 이유에서건 시도 디지털 상상력을 도입하여 쓰는 새로

운 젊은 시인들이 있는 게 사실입니다. 즉 환상성이 시의 화두가 되고 있는 거지요.

그런데 디카詩에 또 하나의 문제가 있습니다. 디카詩는 언어 너머의 시라는 것이지요. 언어를 넘어선다는 것은 침묵이기도 하고 어떤 면에서는 웅변이기도 한 역설적 국면을 함의합니다만 디카詩가 언어 너머의 시다는 것은 언어로만 한정된 것, 즉, 언어로만 표현이 잘 안 되니까 자연으로 언어를 표현하는 그런 의미, 예를 들자면 사랑이라는 것을 표현하고 싶을 때 사랑의 구체적 형상(영상)을 찍어서 보여줌으로써 언어를 넘어설 수 있는 것이 아닌가 싶습니다. 시골 분들이 살아가는 모습이 그 어떤 시적 언어보다 더 시적이라고 아까 말씀드린 것처럼 갈촌 이도열 선생이라든가 구두 수선하는 전직 교장선생님 등은 시로 표현했을 때 언어의 어떤 한계(물론 그것은 이미지의 한계라고 볼 수 있습니다만) 때문에 차라리 그들의 삶을 응시하든지 아니면 디카로 포착하는 편이 더 효과적인 것이라는 게죠. 그래서 언어를 넘어선다는 기존의 개념과 디카詩는 다른 국면입니다.

김 : 그것도 참 어려운 문제네요. 언어사를 말할 때 20세기 중, 후반기에 어떤 변화가 왔느냐 하면 입말과 글말만 언어라고 했습니다.

그래서 언어학은 수사학과 더불어 구라파의 학문적인 학문, 학문의 메카였다는 거지요. 언어학의 아버지로 불리는 프랑스 소쉬르는 예전에 언어학 개론 분야에서 가장 경외감을 가지고 공부를 했던 사람입니다. 프로이드, 레비스트로스와 함께 20세기를 만들어낸 현대 문화의 아버지입니다만, 그가 쓴 『일반언어학강의』에서 그는 이미 기호론의 세계가 올 것을 예견하고 있었다는 겁니다. 언어 시대가 지워져 가고 기호의 시대가 온다는 거지요. 그러니까 그 기호가 언어를 포기한다는 겁니다. 언어를 일부로 하고 자연도, 인간의 행동도 언어가 된다는 겁니다.

결국 소쉬르는 언어를 포기한 것이 아닙니다. 소쉬르는 또다른 속성을 가진 언어를 발견해내고, 그러한 모든 것들에게 기호라고 이름을 붙였다고 볼 수 있습니다. 텍스트라는 것은 종래, 교재 즉 책이라는 뜻이었지만 오늘날에는 그렇지 않습니다.

예컨대 바람이 불어서 감이 떨어지고, 낙엽이 지고, 그리고 그 위에 벌이 앉았다고 할 때, 낙엽과 감, 벌이 모두 훌륭한 텍스트라고 할 수 있지요.

언어도 기호 속에 들어가는 것이고 세계가 전부 텍스트입니다.

따라서 이 선생의 디카詩라는 것은 이런 새로운 언어관의 변화 위에 서 있는 한 증표라고 할 수 있겠지요. 거기다 내가 디카詩를 보면서 뭘 생각했느냐 하면 '즉흥' 입니다. 시에도 즉흥이 있고, 음악에도 즉흥이 있습니다. 슈베르트의 피아노곡 중에서도 가장 감동적인 것이 즉흥곡으로, 인류 예술사에 늘 즉흥이 존재되어 왔다는 것입니다. 다시 말하면 예술은 한쪽에서는 노동이고 고역인데 한쪽에서는 즉흥이라는 겁니다.

오늘날 이 즉흥의 발언권은 이 선생의 디카詩를 통해서 문득 더 커지는 거지요.

거기다가 즉흥은 시인 자신도 미처 모르고 있었다는 겁니다. 릴케의 「두이노의 비가(Duineser Elegien)」는 인류역사상 가장 탁월한 작품의 하나이지만 구라파에서는 독자가 천 명도 안 되었을 겁니다. 독일어를 좀 하는 제가 사전을 갖다 놓고 읽어도 1주일이 걸리더군요. 장인이 공예품 만들듯이 쓴 것이 「두이노의 비가」이지만 첫 구절에 대해 누가 물었을 때 릴케는 장인정신과 즉흥을 얘기했다고 합니다.

그래서 릴케의 시론을 보면 초기에는 영감을 인정하였지만, 중간에는 절대로 부정하였습니다. 오직 장인정신, 노동이라는 것이 었지요. 「말테의 수기」를 보아서 알겠지만 「말테의 수기」에서는 철저하게 영감을 부정하였습니다. 그러다가 말년에 와서 또 영감을 인정하였습니다.

초기, 후기에 인정한 영감과 중간에 부정한 영감의 차이가 무어냐고 하니까, 인간의 영감은 철저하게 장인정신이 쌓이고 쌓여서 생겨나는 것이라는 겁니다.

결국 장인정신과 영감이 하나가 된 것인데, 이제 디카詩가 철저한 즉흥시지만 디카詩는 가벼움을 넘어선 뭔가가 담겨야 한다는 거지요.

이런 비유를 해서 뭣하지만 요사이 대중적인 쇼들은, 주인공이 무대에 올라 어떻게 나올지 일반인들은 모릅니다. 미국 뉴욕의 무대에 올랐던 대중가수 '비'도 즉흥성의 표본입니다. 그렇다고 디카詩의 즉흥과 '비'의 즉흥성이 같아서는 안 된다는 것입니다. 즉 즉흥이 아니면 못 담을 것을 담고 있어야겠다는 거지요.

쇼의 즉흥은 순간적이지만 디카詩는 시선을 머물게 해야 한다는 겁니다.

아까 엔터테인먼트라는 말을 썼지만 영어로 된 이 말은 참으로 어려운 말입니다. 기쁨이고 즐거움이고 재미 등등을 뜻하지만 그 중 하나는 보는 이의 관심을 모은다는 뜻입니다. 그것도 엔터테인먼트입니다. 중요한 얘기죠. 이 선생은 즉흥으로 찍었지만 보는 사람이 디카詩를 오래 들여다보게 만들어서 시선을 고착시켜야 하는 것입니다. 즉흥성이면서 가능한 내포성을 가져야 하는 예술은 영원히 은유이므로 메타성과 즉흥성이 어울리면 현대예술문화론과 병행하면서도 시가 시답게 될 것입니다.

이 : 교수님 말씀 정말 좋습니다. 기호학과 즉흥성 및 메타성이 디카詩論의 요체가 될 듯합니다. 정립하는데 큰 도움이 되겠습니다.

디카詩의 미학은 날시성, 극순간 예술성이라고 생각합니다. 디카詩는 극순간성과 메타포가 조화를 이루어야 디카詩로서 정체성을 확보할 수 있을 것 같습니다. 순간적으로 '저게 시다'라고 느껴 극순간적인 영감을 찍었을 때 그것을 언어화하는 과정을 보다 신중히 해야 한다는 것이죠. 저 개인으로서는 한계가 있으니까 『디카詩 마니아』를 통해 기존 시인들의 다양한 디카詩를 보면서 보완하고, 디카詩의 개념도 앞으로 교수님의 말씀을 참고하여 새로운 쪽으로 변화시키고 정착해야겠지요. 제가 생각하는 초창기의 디카詩 개념에 매이지 않고 좀 더 넓은 열린 시각으로 발전시키도록 하겠습니다.

디카詩가 극순간예술로서 현대인들이 굉장히 바쁜 가운데서도 순간적으로 시에 머물러 있게 할 수 있다면 디카詩가 일면 일본의 하이쿠처럼 독자들을 시로 돌아오게 하는데 기여할 수 있지 않을까도 생각합니다.

요즘은 정말 비주얼시대입니다. 제가 디카詩 보급을 위해 고등학교에 가서 특강을 하는데 입말로 하는 것은 잘 이해하지 않던 학생들이 동영상(방송매체에서 디카詩에 대해 설명하는 내용)을 보여주니까 집중하며 이해를 잘하더군요. 따라서 디카詩의 장점인 영상과 그 영상을 수렴하는 즉흥적 메타포가 합치되어 짧은 시간에 독자를 사로잡을 수 있으면 디지털 시대에 시의 가능성을 열 수 있지 않을까 생각합니다.

김 : 한 가지 더 덧붙이겠습니다. 현대예술과 문화의 동향을 얘기할 때 고전미학의 중요한 개념들(세련미, 장엄미, 숭엄미, 비극미 등)이 약화되고 있어요. 20세기 중엽까지 미학을 지배했던 주요개념들 아닙니까.

그렇게 본다면 고전미학이 위기에 봉착한 것이라고 할 수 있지요. 현대문화 하고 예술전반이 고전적인 미학을 던져버리고 이지러진 세계, 비틀어진 세계, 꼬인 세계 즉 Deformation(변형) 세계에 온 것하고 이 선생이 말하는 '날시성'이 병행하고 있을지도 모르겠다는 생각을 하게 됩니다.

이 : 제가 말하는 '날시'라는 개념은, 극현장성, 극자연성, 극서정성, 극사실성 등으로 확립했습니다만.

김 : 네, 미학을 변형과 같이 가다듬었으면 좋겠습니다.

이 : 디카시론을 전개하다 난관에 부딪치면 언제라도 교수님과 담론을 나누고 싶습니다.

김 : 그리고 마지막으로, 엄밀히 말하면 이 나라에 이 언어를 쓰는 사람이 아니면 버티기가 어렵습니다. 그래서 인간이 언어를 넘어선다는 것은 사실상 불가능한 거지요. 그런 점에서 성경에서 '태초에 말씀이 길'이라고 했듯이 오늘날에 있어서도 인간은 절대로 언어를 벗어나지 못합니다. 다만 그 길이 이렇게 저렇게 달라졌을 뿐입니다.

이 : 사진도 언어입니다. 언어를 넘어선다는 것은 언어를 버린다는 것이 아니라 언어의 개념을 계속 확장하는 것이 아닌가 합니다.

예전에는 언어를 문자로만 인식했지만 이제는 사진도 언어의 기호학으로 본다면, 그런 점에서 디카詩도 넓은 의미로 언어예술에 속한다고 보아도 되지 않을까요.

김 : 그럴 때 연극과 영화가 반란을 일으킵니다. 그래서 실험영화나 무대예술에서 대사가 하나도 없는 것도 있습니다. 20세기 초 미켈란젤로 안토니오니 감독의 영화에서는 언어(대사)를 아주 최소화하는 것을 볼 수 있습니다. 그래서 고유장르의 독자성을 살리려는 노력이 예술장르에서 계속 있어왔다는 겁니다.
(이때, 대담을 촬영하던 어미경 디카詩 마니아가 우리나라에도 김기덕 감독의 영화 '섬'이 그렇다고 덧붙인다.)

이 : 더 논의해야 할 테마들이 많지만 다음을 기약하면서 아쉬움을 접고 대담을 마치겠습니다. 오늘 긴 시간 동안 정말 유익한 정보를 주신 교수님께 감사드립니다.(무크『디카詩 마니아』김열규 교수와의 창간 대담)

디카詩의 전위성

이 : 문덕수 선생님, 대담에 응해주셔서 먼저 감사드립니다.
 선생님을 대담자로 모신 것은 여러 가지 이유가 있습니다만, 무엇보다 선생님의 삶 자체가 시적 감동을 주기 때문입니다. 선생님은 1955년 『현대문학』에 청마 선생의 추천으로 문단에 나온 이래 현재까지 끊임없는 창작과 시론 탐색의 열정을 보이고 계십니다. 내면세계로 시선을 돌려, 초현실적 자동기술로 대상상실, 대상붕괴의 선구적 징검다리를 놓은 모더니즘적 성과는 누구도 부인할 수 없습니다. 홍익대학에서 정년퇴임하시고도 여전히 현역 시인으로서, 비평가로서의 시론을 깊이 있게 탐구하는 모습은 경이롭기까지 합니다.
 근자만 하더라도 2002년 시집 『꽃잎세기』, 2003년 시론집 『리얼리즘을 넘어서』, 『모더니즘을 넘어서』, 2004년 수정증보판 『오늘의 詩作法』, 문덕수연구 편집위원회의 『문덕수문학 연구』, 『청마유치환평전』, 올해는 『문덕수 시전집』을 내셨습니다. 언어 이전의 사물론, 슈퍼비니언스의 원리, 집합적 결합의 구성법 등의 시론과 더불어, 이같은 괄목할만한 문학적 업적이 조명받아 올 8월에는 청마문학상을 수상하기도 했습니다.

도대체 시에 대한 끝없는 열망은 어디에서 기인하는 것입니까?

시에 대한 열망

문 : 내가 '시에 대한 열망'을 가졌다고 해도 그건 별것 아니지요. 목 말라 물 마시고 싶은 갈증, 갈애…. 만약 '집착'이라고 한다면 '해탈'이 덜 된 때문이겠지. 군말 빼고 단도직입하면 사람이란 무의 존재, 가장 소중한 것을 잃어버린 결여의 실존, 목적지도 모르고 어둠 속을 방황하는 떠돌이— 그런 신세이므로 뭔가를 찾아서 채우려고 하는 몸부림 같은 것이 시쓰기의 원동력이 아닐까 생각해봅니다만.

이 : 등단 50여 년이 되셨는데, 문단 생활 중에 특기할 만한 일은 무엇인지요. 문단의 비사나 에피소드 같은 것도 들려주세요.

시단의 비사나 에피소드

문 : 별로 할 말이 없습니다.

이 : 선생님은 최근 우리 시단을 어떻게 진단하고 계시는지요. 21세기를 전후하여 시단은 새로운 패러다임을 보이는 것 같습니다.

시단에 대한 진단

문 : 시쓰기를 정치운동 같은 것으로 생각해선 안 되지요. 시는 그저 시지요. 언젠가 내가 「시가 뭐긴, 그냥 시지」(『시문학』, 2006. 5)라는 글을 쓴 적이 있는데, 이는 당시 미국으로 원정 갔던 우리나라 야구팀의 감독이 어느 신문기자의 질문에 "야구가 뭐긴, 그냥 야구지"라고 대답한 말에서 힌트를 얻은 제목입니다. 시가 뭡니까, 그냥 시지요. 우리 시단에 이러한 상식이 통했으면 합니다.

그리고 시는 그 사람의 사회적 직위, 직업, 학벌, 단체, 재력이 쓰는 것이 아닙니다. 시의 평가나 시쓰기에 이러한 '외적조건들'이 개입하여 횡포를 부리는 것 같아서 안타깝습니다. 이런 독소들은 일소되어야 합니다.

이 : 최근 관심을 가지는 시창작 혹은 연구 테마는 무엇인지요.
초기엔 내면세계의 미학을 탐색하면서 대상상실, 대상붕괴의 작품과 시론을 맨 먼저 제기한 것으로 알고 있습니다. 그러나 최근엔

선생님께서 수정증보판 『오늘의 시작법』 머리말에서 시를 언어예술로 믿어오다가 세월이 갈수록 이 말을 의심하게 되고 최근에 와서는 "시는 언어예술이면서 언어를 넘어선다"라는 새로운 명제를 제시하셨습니다. 그리고 시쓰기의 ABC로 "시에서 모든 관념은 어떤 형태든 물리적 존재에 실려 운반되어야 한다"는 슈퍼비니언스(supervenience)의 원리를 제시하기도 했습니다.

언어를 넘어서는 시예술, 슈퍼비니언스의 원리

문 : "시는 언어예술이다"라는 도그마를 깨어야 합니다. 이 오랜 전통적 도그마를 깬다고 해서 시에서 언어를 배제하자는 것은 아니지요. 시가 언어를 매재로 하는 이상 언어예술이지만, 시는 언어를 넘어선 '사물'이나 '존재'를 대상으로, 이것을 지각대상으로 해야 한다는 점에서 언어예술을 넘어서는 것입니다. 시쓰기나 시 해석에서 언어를 넘어서서 그 바닥에 있는 사물 경험에서부터 스타트한다는 사실은 매우 중요합니다. 이것은 언어가 가지는 추상성이나 언어의 공상(共相:언어의 보편적 성질)을 넘어서서 사물로 다가가야 한다는, 시인의 혁명적 전환을 강조한 것입니다.

시의 구성에서, '슈퍼비니언스(supervenience)의 원리'는 당연한 원칙입니다만, 근래에 시가 정치나 사회운동의 선전무기로 전락한 이후 이 원칙이 허물어지고 있고, 시 자체도 큰 위협을 받고 있습니다. '통일'이나 '평화'나 '민족주의'를 말하면 그러한 원리를 지키지 않아도 괜찮은 것처럼 생각하는 것은 큰 착각입니다. 1925년 이후 카프계를 중심으로 오늘에 이르기까지 '시 아닌 시, 사이비시'가 판을 치는 현상은 반성되어야 합니다. 시는 꽃이나 달을 노래할 수 있고 남북통일, 민족주의도 노래할 수 있습니다만, 어떤 종류의 어떤 형태의 시든 간에 '시로서의 구성 원칙'(슈퍼비니언스의 원리)은 지켜져야 합니다. 또 언어를 파괴하거나 부정하는 일부 전위시의 실험도 이 원칙을 지켜야 합니다. 그래야 시가 됩니다. 슈퍼비니언스의 원리는 최근의 인접학문(철학)에서도 주장하는 한 가지 학설입니다만, 나의 시쓰기 생애와 오늘의 우리 시단의 상황에서 얻은 체험적 명제이기도 합니다.

이 : 제가 디지털영상 시대를 맞아 새로운 모색을 하고 있는 '디카詩' 실험도 선생님의 시론에 기댄 바 큽니다. 선생님께서는 제가 주창하는 디카詩에도 관심을 가져주시고 격려의 말씀을 주셨습니다.

최근 선생님은 '방법'이라는 기준으로 오늘의 한국시의 현황을 1) 전통과 서정(전통적 서정시), 2) 메시지와 관념(관념시), 3) 이미지와 물리성(언어 이미지시), 4) 탈관념의 모험(비대상시, 염사접사시, 디카詩, 그리고 공연시까지 포함), 5) 主知的 처리(주지시) 등의 5가지로 정리한 바 있는데, 어떤 관점에서 디카詩를 탈관념의 모험으로 분류하시는지요.

디카詩와 탈관념시와의 관계

문 : 내가 디카詩를 탈관념시 운동의 일환으로 보는 점에 대해 의문을 가지는 것으로 보입니다. 당연한 의문이지요. 요즘, 시가 언어예술인 이상 "탈관념시"라는 것이 있을 수 있느냐는 시비도 일고 있습니다만, 정확하게는 "탈관념의 관념시"라고 해야 할 것 같은 느낌도 듭니다. 脫觀念이라는 말이 좀 막연한 개념입니다만, 탈관념해야 할 관념은 기존의 시쓰기와 시론 전부가 아닌가도 생각됩니다.

"디카詩"에 대하여 창안자(발의자)인 이상옥 시인은 '디지털'이나 '디지털카메라'에 국한시키려고 하는 것 같으나, 내 생각으로는 '디카'란 어디까지나 시쓰기에 도입되는 모든 도구(디지털카메라, 망원경, 현미경, 인공위성, TV, PC, MRI, 확대경 등등)의 환유적 상징으로 보아야 한다고 생각합니다. 넓은 의미에서, 디카詩는 자연과학과의 제휴, 나아가서는 환경주의라는 측면을 가지는 것이 당연하다고 생각합니다. 이러한 차원은 디카詩가 탈관념시의 특징을 가지는 요인이지요. 또 좁은 의미에서 보더라도, (1) 디지털카메라가 촬영한 '영상이미지'는 관념이나 이념이 아닌 사물의 표상입니다. 사물의 영상이미지라는 점에서, 디카詩는 언어예술의 한계를 넘어서고 있고, 이 점에서 시에 대한 기존관념을 부수고 있습니다. (2) 디카詩가 문자와 사진이 합쳐서 비로소 1편의 시작품으로 완결된다면, 이러한 시의 개념은 종래의 시정의(예:언어예술이라는 정의)를 뒤집어엎는 면이 있음을 알 수 있지요. (3) 디지털 카메라와 시인이라는 인간주체가 공동으로 시쓰기 활동을 해서 시가 제작된다면 시인만이 시쓰기를 독점한다는 종래의 주체론이 전혀 달라져야 할 것입니다. 디지털카메라의 촬영 능력(기능) 속에는 이미 시인이 해야 할 능력(사실은 인간을 초월하는 능력이지만)이 저장되어 있는데, 그 기능은 시인과 카메라 사이에 교환할 수 있는 (오고갈 수 있는) 등가적인(?) 교환 관계에 있다고 할 수 있습니다. 즉 도구나 환경도 주체가 될 수 있지요. (4) 이런 의미에서 디카詩는 전위적인 실험시 운동인 동시에 기존 관념을 깨는 혁명성도 가집니다.

이 : 디카詩를 처음 시도할 때 시가 시인이 개인적 상상력으로 창조해낸 것이기도 하지만, 시인의 상상력과는 별개로 시적 형상이 자연이나 사물 속에서 스스로 예술적 상상력을 지니고 있는 것을 인식하고서 그것을 디지털카메라로 찍으면 되겠다라는 소박한 생각을 했습니다. 그러니까, 자연이나 사물에 존재하는 시적 형상을 디카로 그대로 옮겨오는 행위가 詩作 행위라는 것이었지요.

그러나 문제는 시인이 자연이나 사물에서 포착한 시적 형상을 디카로 찍으면 그대로 옮겨질 수 있느냐 하면 그렇지가 않았습니다. 디카詩가 사진만으로 구성될 수 없는 것이었지요.

1차적으로 디카에 찍힌 시적 형상은 증명사진과 같은 1차 언어에 불과한 것입니다. 증명사진이 그 사람의 실상처럼 보이지만 실상은 그렇지 못한 것이지요. 디카詩의 사진만으로는 시인이 포착한 시적 형상이 온전히 옮겨지지 못한다는 겁니다. 디카詩의 사진만으로는 마치 증명사진처럼 허상에 불과한 것이지요. 그래서 디카詩의 문자가 필요합니다. 사진과 문자가 결합될 때 살아 있는 생명이 된다고 보는 겁니다. 사람의 육체와 영혼이 한 몸을 이루어 온전한 사람이 되듯이, 디카로 찍은 사진과 문자가 2위 1체가 되어 온전한 작품이 된다는 거지요.

이렇듯 디카詩가 사진과 문자의 관계만 국한하여 생각해도 단순하지가 않습니다. 디카詩는 매우 복잡한 문제를 야기합니다.

이 자리에서 디카詩의 여러 문제들을 드러내놓고 허심탄회하게 의견을 나누고 싶습니다. 선생님은 어느 자리에서 디카詩의 몇 가지 문제에 대하여 지적해주셨습니다.

첫째, 디카詩는 누가 쓰느냐 하는 의문이 제기된다고 했습니다. 사람(시인)이 시를 쓰느냐, 카메라가 시를 촬영하느냐 하는 주체론과 에이전트론(agent論)의 문제가 된다고 보았습니다.

둘째, 문자와 사진 양자간의 보완론, 통합론, 역할 바꾸기론 등이 제기된다면서 문자의 결합과 사진의 장점 등도 논의 대상이 된다고 보았습니다.

셋째, 사물이나 자연 속에 내재된 '신의 상상력'의 발견이란 무엇을 의미하는가라는 것입니다. 시쓰기의 상상력을 神授說로 볼 가능성도 배재할 수 없다고 했습니다.

이 밖에 시대적 필연성론도 문제로 제기했습니다. 선생님이 지적한 디카시의 제반 문제는 저도 평소 주요한 이슈로 생각하던 것이고, 그래서 이런 문제에 대한 논의는 디카詩의 정체성을 확립하는데 중요한 이론틀이 될 것으로 기대됩니다.

먼저 에이전트론을 포함한 디카詩의 주체론에 대해 말씀을 나누고 싶습니다. 그 다음, 문자와 사진의 결합, 즉 2위 1체론, 그리고 신의 상상력 문제에 대해서 말씀을 나누고 싶습니다.

문 : 디지털카메라로 촬영한 영상이미지(사진)와 문자시와의 관계에서 한 편의 디카詩가 제작된다고 하더라도, 이 양자의 관계를 포함한 문제는 풀리지 않는 실타래처럼 계속 얽힐 것입니다. 그리고 오진현 시인이 주장하는 '접사, 염사론'과도 관계됩니다.

에이전트론(agent 論)

지금까지 시쓰기의 주체는 인간인 '시인'이었습니다만, 지금은 디지털카메라를 비롯한 여러 가지 익명의 환경(즉 도구)들이 시쓰기에 공동으로 참여하여, 더욱이 그 기능들이 인간과 거의 등가적으로 교환해도 괜찮을 만큼 증대해졌습니다. 디지털카메라를 포함한 시쓰기의 여러 가지 '도구'는 변형된 인간(시인)의 신체라고 할 수 있고, 신체의 확대(확장)라고도 할 수 있고, 신체로서는 할 수 없는 여러 가지 일(이미지 촬영, 속도 측정, 극원이나 극미 세계의 포착)을 가능하게 하므로, '도구'라는 것은 자기의 연장된 신체라고도 할 수 있습니다. 운동 능력, 지각 능력까지 확대해 줍니다. 이와 같이 도구는 인간의 마음이나 의식의 일부까지 담당하고 있는 것입니다. 도구 속에는 계산하는 능력, 기억하는 능력, 인식 능력, 기록 능력, 분별력 등이 다 저장되어 있습니다. 의식과 신체, 그리고 도구와의 경계선이 분명한 것은 아닙니다. 이렇게 본다면, 認知 시스템의 단위는 개인이라는 단위의 울타리를 넘어서 많은 인간, 여러 가지 도구, 미디어 등을 포함한 사회·도구적 시스템이라고 보는 철학자들의 주장을 거부할 수만은 없을 것입니다. 시인도 시 쓰기라는 인지 시스템의 한 단위라고 볼 수 있지요. 그렇다면 시쓰기의 주체적 개념을 '인간'(시인)에게 국한할 수는 없고, 디지털카메라를 비롯한 여러 가지 도구 등 사회적 문화적 시스템 즉 에이전트라고 본다고 해서 무리는 없을 것입니다. 오늘의 시인을 개인으로서의 인간에게만 국한시키지 말고 사회·도구적 시스템의 에이전트로 보아야 하지 않을까 하는 생각도 듭니다. 이렇게 되면 창작이나 창조자 즉 메이커(maker)의 의미를 지닌 포에트(poet)라는 개념도 불가피하게 바뀌게 됩니다. 우리는 지금 이러한 혁명적 사태에 직면해 있지요.

문자와 사진의 관계

이상옥 시인이 주창하는 디카詩는 문자와 영상, 기록과 촬영, 의미와 영상이미지의 통합된 형태라고 볼 수 있습니다. 당연히 기록

된 의미인 문자와 사물을 촬영한 영상이미지와의 관계가 상호 보완이냐, 각각 별개로 독립된 병존이냐, 양자 통합이냐(2위 1체) 하는 논란을 일으키게 됩니다. 내가 보기에는 이 모든 요소의 종합구성이라고 생각합니다. 즉 "상호 보완하면서 병존하여 통합된 기호조직체"라고 할 수 있습니다. (앞으로 시인이 되려면 펜과 종이 외에 '디지털카메라'도 가지고 있어야 하겠지요.)

먼저 보완적 측면을 봅시다. 디지털카메라로 대상(사물)을 촬영한 영상이미지는 어떤 관념이나 이데올로기나 신념을 직접 나타내지 않으며, 그러한 여러 가지 관념으로부터 벗어난 사물들의 중립적·객관적 관점의 사진(허상)입니다. 즉 의미 해석의 공간, 내지 다만 의미해석 가능성의 세계라고 할 수 있습니다. 그런데 그 곁에서 중립적·중성적인 영상이미지와 관계를 맺고 있는 문자는 언어이므로 이데올로기, 신념 등 어떤 관념을 내포하고 있습니다. 언어에 그러한 사회적·문화적 의미 기능이 없다면 그것은 언어라고 할 수 없을 것입니다. 영상이미지의 무의미적 열림과, 문자 언어의 의미적 기능은 마치 요철(凹凸) 관계나 톱니바퀴처럼 어울려 어떤 동일성이나 유사성을 실현하게 됩니다. 그러나, 영상이미지와 문자(사진과 문자)는 작품이라는 공간을 이루고 있는 '백지'에 분명히 각각 독립된 존재로 병존하고 있습니다. 그러나 '디카詩'라는 새로운 명명이 장르의 울타리를 치고 있는 이 텍스트는 상호 보완하면서 병존하는 통합체인 기호체계로 보아야 하겠지요.

神의 상상력

이상옥 시인은 사물이나 자연 속에 내재된 "신의 상상력"이라는 개념을 말하고 있습니다. 점점 더 아포리아(aporia)의 오솔길 속으로 몰아넣는 것 같습니다. 디카詩 쓰기 목표의 하나가 '신의 상상력의 포착'으로 제시된 것 같습니다만 자연의 사물이 그대로 신의 상상력을 나타내는 것인지의 여부에 대해서는 단언하기 어렵네요. 사물이나 자연에 신의 상상력이 내재되어 있다면 그 이미지, 소리, 향기, 미각, 촉감, 사물의 형태나 중량 등에도 어떤 神性이 존재하는 것으로 보아야 할 것 같은데, 그런 상상력은 도대체 어떠한 상상력일까요? 신의 천지창조 때 설계하고 창조한 아데아일까요. "하나님이 뭍을 땅이라 칭하시고 모든 물을 바다"라 칭한 때의 상상력인가요? 그렇지 않으면 자연이라는 말의 라틴어 '나투라'(natura)에는 "낳다", "생산하다"라는 어원적인 뜻이 있으므로 스스로 생성하고 일체를 생산하는 자연이라는 뜻인가요? 성철 스님이 "산은 산이요 물은 물이다"라고 할 때의 그 말 그대로의 자연을 의미하는 것인지……(극언한다면 악마의 상상력이라고는 할 수 없을지?)

여기서 한두 가지 참고를 덧붙이겠습니다. 가령 老子는 "자연은 어질지 않다"(天地不仁)고 말했습니다. "어질지 않다"는 것은 무슨 뜻일까요. 신의 편도 악마의 편도 아닌, 중립적 · 중간적 성질이라는 뜻이 아닐까요. 아마 그럴 것도 같습니다. 성철 스님이 "산은 산이요 물은 물이다"라고 한 말이 한때 회자했습니다만, 이 말뜻은 언어에 의해 오염되지 않는, 있는 그대로의 자연이라고 하면 될는지 모르겠습니다. 사실 '자연'이라고 하는 것은 생성에서 소멸에 이르기까지, 아니 시간과 공간의 인식형식을 초월하여 자유롭게 어떤 의미로든 해석이 가능한, 말하자면 열려 있는 무한 해석 가능성적 존재가 아닌가라고도 생각됩니다. 그런 의미에서 '空無의 존재'라고 해도 괜찮습니다.

줄리언 제인스(Julian Jaynes)라는 사람의 『인식의 기원』(한길사, 2005, 김득룡·박주용 옮김)이라는 책은, 이상옥 교수가 말하는 "신의 상상력"과 관련될 수 있는 내용이 암시되어 있습니다. 옛날 옛적의 인간은 양원적(bicameral) 혹은 二院制的 정신세계를 가지고 있었는데, 이때는 '의식'이 발생하지 않고 다만 신의 목소리만 들리던 시대였다고 합니다. 양원적 정신세계란 "신으로 불리는 집행부"와 "인간으로 불리는 실행부"의 두 가지 정신 영역을 말합니다. 즉 신과 인간의 兩院으로 구성된 정신의 시대에는 이 둘 중 어느 정신 부분도 '의식'할 수 없었는데, 지금 우리로서는 이 사실을 거의 이해할 수 없다고 합니다. 화산 폭발, 홍수, 사회적 복잡성, 이민족과의 교역, 그리고 무엇보다도 문자 쓰기의 도입으로 神-人관계는 느슨해지면서 살아 있는 사람들에게 이래라 저래라 명하는 신의 소리가 지상에서 들리지 않게 되자, 그 대안으로 원죄 아닌 '의식'이 생성되었다는 것입니다. 지금은 인간의 이러한 양원성이 파괴되고 신의 소리조차 들리지 않게 되었습니다. 오늘과 같은 파괴의 시대, 전쟁과 테러와 살육의 시대에 살고 있는 인간으로서는 국가적으로나 개인적으로 사적인 야심, 탐욕, 갈등, 폭력이 없는 신의 목소리를 다시 듣고, 신의 상상력이 깃든 자연을 보고 싶은 갈망을 가지는 것은 누구도 부정할 수 없을 것입니다. 이런 상황에서 이상옥 시인이 자연에서 신의 상상력을 찾으려고 하는 시적 노력은, 그 배후에 이러한 무거운 시대적, 역사적, 사회적 負荷가 있음을 느끼게 됩니다마는, 글쎄요.

그런데, 여기서 또 한 가지 덧붙이고 싶은 것은 신의 창조세계와, 피창조세계의 나타남('現前'이라고 해도 무방함)은 별개의 차원이라는 사실입니다. 시인은 창조된 세계의 발견과 지각을 통해서 창조자의 설계와 그 실행의 신비함과 놀라움과 신성함을 깨달을 수 있을 뿐이라는 점을 지적하고자 합니다.

디카詩의 출현은 자연스런 현상

이 : 디카詩에 관한 명쾌한 지적에 깊이 공감하며 감사드립니다. 디카詩는 선생님 말씀처럼 우리 시대의 환유적 상징성을 띠는 것도 사실입니다. 디지털 시대에는 디카가 아날로그 시대의 사진기와 달리 새로운 펜의 역할을 하고 있기 때문입니다. 네티즌들은 자신의 생각을 디카사진에 담아 실시간 인터넷 사이트에 올립니다. 글쓰기의 방식이 다소 극단적일 수 있지만 펜에서 디카로 옮겨져 가고 있다고 봅니다. 그렇다고 기존의 문자 언어적 소통 방식이 사

라지는 것은 아니지만, 디카는 글쓰기의 지평을 확장하고 있는 건 만은 사실입니다. 디카는 펜과 같이 단순한 글쓰기의 도구가 아니라 선생님 말씀처럼 신체의 확대(확장)로써 기존의 신체로서는 할 수 없는 여러 가지 일(이미지 촬영, 속도 측정, 극원이나 극미 세계의 포착)을 가능하게 한다는 측면에서 더욱 그렇습니다.

인터넷 사이트를 중심으로 광범위한 디카 글쓰기가 이루어지고 있는 이즈음 디카詩의 출현은 자연스러운 현상입니다. 자칫 디카 글쓰기가 천박해질 수도 없지 않은데, 그것을 정화하고 나아가 예술성을 부여하는 역할을 디카詩가 할 수 있을 것으로 기대합니다.

한편, 디카詩는 인간이 상상력으로 신과 자연을 정복하려했던 지난날의 무모한 도전을 성찰해보는 의미도 지닙니다. 과학이나 예술에 대한 전반적 반성적 의미를 내포하는 것이지요. 디카詩의 미학에 탐닉하면서, 신이나 자연 앞에서 좀더 겸허해져야 할 것 같다는 생각을 하게 됩니다. 창작이나 창조자 즉 메이커(maker)의 의미를 지닌 포에트(poet)라는 개념의 시인이기보다는 신이나 자연 앞에서 에이전트(agent)나 파인더(finder) 정도로 몸을 낮춘 시인이 되어야 한다는…….

선생님, 장시간 동안 디카詩의 핵심을 환기시켜주는 대담을 해주셨습니다. 이번 대담을 통해서 디카詩가 더욱 탄력을 받을 것으로 기대합니다.

선생님의 건강과 건필을 기원드리며 대담을 마치겠습니다.(무크 『디카詩 마니아』 2호. 문덕수 교수와의 대담)

부록 – 디카詩를 바라보는 시선

무사상시 이야기
― 이상옥의 '디카詩'를 중심으로

문덕수(시인, 홍익대 명예교수)

오해의 진원

이상옥의 '디카詩' 시론은 이제는 뉴스가 아니라 얼마만큼 공감을 얻고 그 보편성을 얼마만큼 확산하느냐 하는데 있다.(이 점은 오남구의 경우도 마찬가지다). 이상옥의 시론에 대한 오해의 근원('오해'가 예상 외로 만만치 않다.)은 디카로 촬영한 영상(사진)과 문자시를 합친 것이, 그의 디카詩의 전부인 것처럼 생각하는 데 있다. 이것은 디카詩의 일부로 보아야 한다.

이 시론의 중심은, 첫째로 디카(디지털 카메라)가 시쓰기에 있어서 어떠한 기능적 내지 주체적 의미의 환유성을 가지는가, 둘째로 디카詩의 대상인 '사물'이란 무엇이냐 하는 점에 있다. 여기서는 첫째 문제에만 국한해서 말하겠다.

구조화된 환경

시쓰기에 도구나 과학기기가 참여한 것은 이상옥 이전부터 있었다. 종이, 만년필은 옛날부터 있었고, 최근의 워드프로세서나 PC 등도 그렇다. 그런데, 종이나 볼펜, 특히 PC 같은 과학기기는 오늘날 단순히 '도구'라기보다는 시쓰기의 한 주체로서 작용하는 것으로 보인다. 디지털 카메라나 과학기기가 시쓰기의 주체로 격상되어 논의하게 된 중심에는 디카詩의 시론이 있고, 이상옥과 오남구 이후에 비로소 시쓰기의 주체론에 큰 변혁이 일어났다고 할 수 있다.

육상선수가 1,000미터 경주를 잘 하려면 어떻게 해야 하는가를 생각해 보자. 선수 개인만 우수하면 되는가. 그렇지 않다. 개인의 체력도 중요하지만 신발·운동복·경기장 같은 '물리적 환경'도 잘 정비되어 있어야 하고, 소속 단체나 코치나 훈련 같은 '집단적 환경'도 중요하다. 1,000미터 경주가 돌밭길이나 가시밭길이 아니라 과학적으로 정비된 경기장에서 달리게 되므로, 배구·농구·야구 등을 포함한 모든 생활이 이같이 구조화된 환경 속에서 행하게 된다.

우리가 마산서 부산으로 가려면 괴나리봇짐을 지고 터벅터벅 걸어서 가지 않고 버스나 기차를 이용한다. LA의 친척집을 방문하려면 태평양을 헤엄쳐 가는 것이 아니라 시속 500키로미터의 비행기를 타야 한다. 우리는 이와 같이 현대문명으로 모든 부문에서 과학적·물리적으로 구조화된 사회환경 속에서 살고 있으며, 이러한 환경을 벗어나서는 단 하루도 살아갈 수 없다.

시쓰기의 경우도 예외가 아니다. 시쓰기도 구조화된 환경 속에서 쓰지 않을 수 없다. 우리는 즐겨 '빛'을 노래하고, 어둠과 밝음을 노래한다.('어둠과 밝음, 바람, 소리' 등을 準物體라고 하는 견해도 있다.) 보이지 않는 '빛', 레이저 광선, 우주 저쪽의 은하세계도 보아야 하고, 수평선 너머의 삶의 소리도 들어야 하지만, 시인의 지각 능력은 한계가 있어서 거기에 미치지 못한다. 지금은 시간의식에 있어서 초 단위보다 더 짧은 찰라 단위, 나노미터(10억분의 1미터) 같은 극초단위도 헤아려 볼 줄 알아야 할, 구조화된 과학시대에 살고 있으며, 자기 능력을 넘어선 저쪽의 세계라고 해서 외면할 수 없다. 과학기기는 시인의 지각 능력의 확장 내지 연장이라고 할 수 있다. 달리는 승용차의 모든 부품의 기능은 운전자의 감각기관이다. 이제는 極微, 極遠, 極秒의 환경도 시의 세계임은 부인할 수 없다. 이러한 구조화된 환경의 경험을 무시하고 시인은 자기 혼자만을 시쓰기의 주체라고 우길수 있을까.

디카의 환유성, 기타

첫째, 디카詩에서 말하는 디지털 카메라는 PC, 망원경, 현미경, MRI 등 모든 과학기기를 포괄하고 대표하는 환유이며, 동시에 디

지털시대의 문화적 특성도 드러낸다. 디카詩는 '디지털 카메라'에
만 의존하는 시가 아니다. 따라서 디지털카메라로 촬영한 영상과
문자시를 합친 것이 디카詩라는 생각도 변화되어야 한다. '디카
詩'의 착상 시초에는 디카로 촬영한 것과 문자시를 합친 시라는
흥미와 소박성에서 출발했을지 몰라도, 디카詩를 에워싸고 있는
현대의 문명적 환경을 배경으로 하고 있는 시론은 그런 소박성을
소박성 그대로 방치해 두지 않는다.

둘째, '시인'(poet)이란 개념 수정이 불가피하다. '시인'에 대한
종래의 생각은 불가피하게 변화하지 않을 수 없다. 즉 신이나 절대
자와 같은 제2의 창조자(maker)라는 개념, 시대의 입법자나 예언
자라는 개념 등은, 단지 현대 문명 속의 언어적 행위자나 개인을
넘어선 복합적 환경 시스템의 대리인 즉 에이전트(agent)로 바뀌
었다고 보아야 한다. 아마 독실한 기독교주의자라면 시인을 신의
에이전트라고 말할지 모른다. 시인이라고 해서 신성 불가침의 어
떤 주술적 의미를 가지고 있는 우월적 존재는 아니다. 이미 사회적
명예도 존경도 붕괴되었다.

셋째, 디지털 카메라, PC 같은 영상기기 등은 보조 보완 수단이
아니라, 그 기능적 가치를 중시하여 시인과 같은 차원의 주체로 인
정하는 것이 좋다. 왜냐하면 시인이 하는 일과 과학기기가 하는 일
들이 기능적으로 구별되지만, 그러나 기기의 '잠재적 지성'이나
인식 행위를 중시하면 이 두 주체 사이에는 '등가적 교환성'이 있
다. 이를테면 우리가 사물을 보고 느끼거나 생각한 내용을 PC에

입력하면 그대로 '기억'이 되고, 그 기억은 시인 자신이 뇌 세포로 기억하는 것과 같다. 즉 등가적 교환성을 가지고 있다. 디지털카메라로 촬영한 영상과 시인이 육안으로 관찰한 영상이 꼭 같다고는 할 수 없으나, 다 같은 시각 활동이라는 점에서 등가적 교환성이 있다.

그리고 특히 기능면의 등가적 교환성은 본질적인 차원에서의 영향의 授受관계로 바뀔지 모른다. 디지털카메라나 과학기기들이 본질적으로 가지고 있는 무사상성(탈관념성), 중립성, 물리성이 시인과 시를 변질시킬지 모른다. 이러한 무사상주의나 중립주의나 물리주의는 디카詩의 대상인 사물의 존재론적 의미다.

마무리

시인과 과학기기 사이의 등가적 교환가치는 더욱 심화될 수도 있다. 과학기기는 비유기성(비생명성), 중립성, 무사상성 등을 가지고 있는데, 이러한 특성이 시인과의 사이에서 등가적으로 수수될 수 있는 가능성이 커졌다. 인공지능의 발달과, 발달된 인공지능이 저장된 컴퓨터나 로봇을 보면 과학기기와 시인과의 사이의 교환 관계는 반드시 비대칭적 일방주의라고만 할 수 없을 것 같다.

디카詩의 대상은 일단 관념이 아닌 '사물'이라고 볼 수 있다. 이러한 사물도 디카와 마찬가지로 물리성, 중립성, 무사상성 등을 가지는 감각 세계이다. 현대시는 오랫동안 비켜서 지나간 이러한 감각 세계에의 발견과 지각에서부터 다시 출발하여 관념 세계로 나아가야 한다. '감각'이란 사물의 개별적 성질(차별성)을 포착하는 능력이다. 사물의 차이, 차별성의 추구가 그 원리다. '지각'은 감각이 전해주는 정보를 가지고 이를 뭉뚱그린 이미지로 만들어 대상과 대상을 구별한다. 이러한 감각, 지각이 관념 세계를 구축할 수 있는 자원이 된다. 그리고 시에선 관념을 독자에게 강요하지 말고, 관념 구성의 모든 활동은 독자에게 일임하는 형태로 씌어지는 것이 바람직하다. 나는 無 사상주의를 선호한다.(문덕수, 무크『디카詩 마니아』 2호 출판기념회 강연요지. 2006년 12월 9일. 경남문학관 세미나실)

'극순간의 포착', '극순간의 감동'

배한봉(시인, 계간 『시인시각』 주간)

　이상옥 시인은 몇 년 전 '디카詩(dica-poem)'라는 신조어를 만들고, 이 분야를 꾸준히 개척해 나왔으며, 얼마 전에는 포착시라는 개념을 들고 나와 디카詩의 영역을 더욱 확대하고 있다. 하여 이제 이상옥 시인의 시를 이야기하려면 이 디카詩와 포착시를 먼저 이해해야 한다. 그러나 디카詩·포착시라는 말은 아직까지는 여전히 독자에게 낯설게 다가온다. 나 역시 시를 쓰지만 시의 경향이 실험적이거나 전위적인 쪽이 아닌데다 천학비재인 까닭에 그것에 대해 말한다는 것은 매우 조심스러울 뿐이다.
　먼저 '디카詩란 무엇인가?'에 대한 의문부터 풀어보기로 하자. 그는 디카시집이라 명명한 『고성 가도』(문학의전당, 2004)의 후기를 통해 "디카詩는 '언어 너머 시'를 디지털카메라로 찍어 문자로 재현한 시"로 정의하고 있다. 한마디로 디카詩란 디지털카메라로 시를 찍는다는 개념이다. 그는 장거리 출퇴근(그는 현재 마산 창신대 문창과 교수로 재직하고 있고, 창원에 거주하고 있으나, 창원으로 이사를 오기 전까지는 고성에서 출근을 했다.)을 하면서 이 디카詩를 실험하게 되었다고 한다. "출근하는 길 차창에 비치는 자연의 풍경이 어떤 때는 완연한 시의 형상인 것을 포착할 때가 있었다. 그때마다 언어 너머 존재하는 시의 형상, 저걸 어떻게든 담아야 할 텐데 하고 아쉬워하기도 했다."(『고성 가도』 후기)는 고백은 디카詩의 탄생 배경을 충분히 설명해준다. 이 '아쉬움'은 이내 그에게 '매혹'이 되어 다가왔고, '언어 너머 시'의 노다지를 경험하게 만들었다. 이것을 계기로 그의 작품세계는 큰 전환점을 맞는다.

시집 『고성 가도』 이후 그는 디카詩의 연장선상에서 '포착시'의 가능성을 탐색하게 된다. 5번째 시집 『환승역에서』(문학의전당, 2005)가 그 결과물이다. 이 시집 자서에서 그는 "나의 시 쓰기는 '포착시로 가는 길목'에 있다. 지금 환승역에 서 있다."는 선언을 한다. 그리고 "근자에 나는 인간의 상상력보다 더 위대한 사물의 상상력, 자연의 상상력, 즉 신의 상상력에 더 주목하게 되었다"고 전제하면서 "급기야 사물이나 자연 속에 내재한 시의 형상 외에 문자(산문) 속에 존재하는 시의 형상에도 관심을 가지게 되었다"고 말한다. 디카詩가 자연이나 사물 속에 존재하는 시의 형상을 디카로 포착하는 것이라면, 문자시로서의 '포착시'는 사물이나 자연, 혹은 문자 속에 존재하는 시의 형상을 문자로 포착하는 것임을 알게 한다.

이 변화를 문덕수 선생은 "전환이라기보다는 진일보"(계간 『다층』 2006년 봄호)라고 평가하면서 4가지로 요약해 정리하고 있다. 1) 인간으로부터 사물 쪽으로의 전환, 2) 시인(인간)의 능력 또는 인간적 상상력의 축소, 3) 창조적 주체로서의 '시인'의 개념 수정, 4) '디카'와 같은 새로운 시적 주체(본인은 '매재'라고 말한다)의 등장 등이 그것이다.

 나는 처음 그로부터 디카詩에 대한 이야기를 들었을 때 구체시(Konkrete Poesie)에 그 바탕을 두고 발전시킨 것은 아닌가 하는 생각을 했었다. 디지털 사진과 언어의 결합, 이것은 언어의 논리성·의미성·리듬성 등보다 시각적 감각을 중요시하는 경향이 강할 것 같다는 생각도 들었다. 이러한 성질은 구체시가 추구하는 부분과 일맥상통할 수도 있겠다 싶었다. 독어권 시문학인 구체시는 프랑스의 문자주의 운동에 뒤이어 1950년대 브라질에서 나타나 1960년대에 이르러서는 스위스의 오이겐 곰링어(Eugen Gomringer)를 비롯하여 독일의 헬무트 하이센뷔텔(Helmut Heiβenbuttel), 오스트리아의 에른스트 얀들(Ernst Jandl), 프리데리케 마이뢰커(Friederike Mayrocker) 등이 핵심인물이 되어 활발히 씌어졌던 시의 한 형태이다. 처음에는 記號詩·出現詩 등과 함께 비슷한 개념으로 섞여 쓰이다가 차차 그 개념이 확립되었다. 구체란 추상적인 것의 반대인 물질성을 의미하며, 주로 문자적·음성적·시각적인 물질성을 말한다. 즉 언어의 논리성·의미성을 완전히 파괴하고, 단지 도형을 그리듯 활자를 시각적으로 배열한 시를 구체시라고 부르는 것이다. 구체시는 1960년대부터 1980년대 중반까지 독일 시문학권을 이끌었으나, 그 이후 대중의 외면, 그리고 이른바 일상시(Alltagslyrik)가 대두 되면서 급속히 몰락하고 말았다. 한국에서는 李箱의 시에서 그 예를 볼 수 있다. 근래에는 시인이자 독문학자인 고원이 한글로는 최초로 본격 구체시 시집인 『미음 ㅁ 속의 사랑』(이슈투데이, 2001)을 발간한 바 있다.

그러나 여기서 주목하게 되는 점은 디카詩나 포착시는 구체시와는 달리 대중의 한 가운데로 파고들기가 매우 용이하다는 것이다.

① schweigen schweigen schweigen
schweigen schweigen schweigen
schweigen schweigen
schweigen schweigen schweigen
schweigen schweigen schweigen

②

저 물비늘

해변에 막 닿은

파닥이는 마음

뭐라고 응대해야 할 것 같은데

아직 말을 익히지 못한 나는

엉거주춤 붉은 얼굴

①은 「Schweigen(침묵)」이라는 제목의 곰링어의 구체시이고, ②는 「파도」라는 제목의 이상옥 시인의 디카詩이다. 이 텍스트들에 대한 분석은 전문 학자나 평론가의 몫으로 넘기로 하자. 다만 이 텍스트들이 보여주는 대중성, 즉 시를 접한 일반인들이 느낄 수 있는 가시거리의 문제만을 살펴본다면, ②가 훨씬 접근이 쉽다는 것을 알 수 있다. 남녀 연인처럼 디지털 카메라로 찍은 영상과 시가 나란히 배열되어 친근성을 높여주기 때문이다.

이제 우리나라는 세계가 알아주는 디지털 강국이 아닌가. 디지털 카메라와 인터넷 홈페이지, 블로그 등이 일상화되었고, 그것들을 이용한 간단한 글쓰기나 사진을 올리는 것 역시 익숙한 일이 되었다. 이런 영향으로 디지털카메라로 찍은 영상과 시의 동거를 목격하는 일은 이제 클릭 한 번이면 해결된다. 거기다 아름다운 음악까지 곁들인 동영상의 경우는 종합예술이라 일컬어도 좋을 정도가 아니던가. 뿐만 아니라 독자 스스로 시를 쓰고 올려 불특정 다수의 방문객들로부터 평가를 받는 일도 허다하다. 이런 측면에서 이상옥 시인이 주창한 디카詩는 누구나 쉽게 그 창작자가 될 수 있고, 전파의 속도 또한 빠를 것이며, 독자의 호흡 속으로 빠르고 자연스럽게 흡입될 가능성 역시도 매우 높다. 그의 말대로 "일반적 글쓰기를 예술의 형식으로 끌어올리려는 시도가 디카詩라는 개념이라고 보면, 디카시는 이 시대의 새로운 주류적 시 쓰기의 가능성을 활짝 열어주는 것"이 분명하고, "일본의 하이쿠처럼 짧은 형식으로 일순간 대중을 사로잡을 수 있다"는 장점도 가지고 있다.

시집 『환승역에서』 뒤에 실린, 포착시론의 일종인 디카시론 「디카시, 21세기 디지털 시대의 새로운 시의 한 모형」과 진주 MBC라디오 디카시 인터뷰에 따르면, 디카詩와 포착시는 '주변부'에 머무르는 것이 아니라 대중과 함께 호흡하는 시의 한 형식으로, 그러한 것을 추구하는 시인의 의지의 산물인 것이다.

　1) 디카詩와 문자시의 미학은 매우 다른 국면이다. 디카詩에서 문자시적인 상상력을 기대해서는 안 된다. 디카詩는 단지, 극순간의 아름다운 감동, 그 하나만을 전달하는 것으로 만족해야 한다.
　　　　　　　—「디카詩, 21세기 디지털 시대의 새로운 시의 한 모형」

　2) 대중가요와 시의 정서가 다르듯이, 디카詩와 문자시의 정서도 다르다. 문자시는 고도의 상상력으로 삶의 심층을 다층적으로 드러낸다. 이에 비해 디카詩는 극순간의 삶의 표정, 진실 등을 드러낸다. 디카詩의 역할은 한마디로 극순간 포착을 통해서 예술적

감동을 주는 것이다.
— 진주 MBC라디오 「아침을 달린다」, 2005. 9. 10

요약하면 디카詩는 '극순간의 포착'에 의해 탄생되며, '극순간의 감동'을 전달하는 것이다. 앞서 언급한 구체시가 실험정신을 바탕으로 '시니피앙'과 '시니피에', 즉 '표현체'와 '표현대상'의 완벽한 합일을 추구하는 시운동이라면 이상옥 시인이 말하는 디카詩 역시 '표현체'와 '표현대상'의 '극순간'적인 합일을 추구하는 시운동이라는 점에서는 공통점을 가진다. 그러나 구체시가 철저하게 실험적이고, 정서적 감동을 추구하지 않으며, 난해성을 가지는 측면이 강했다면 디카詩는 다분히 실험적이기는 하나 그 반대편에서 쉽고 빠른 정서적 감동을 추구하며, 독자와 적극적인 조응을 하려는 측면이 강하다고 볼 수 있다. 이 상반성은 디카詩·포착시의 장점이자 특징이라 할 수 있을 것이다.

하지만 우리는 여기서 하나의 의문을 가지게 된다. 이 '일상화·익숙함·일반성'이 시의 질을 담보할 수 있는가 하는 큰 문제와 맞닥뜨리게 되는 것이다. 이와 함께 인터넷 상에서는 홈페이지나 블로그 등을 이용하므로 디카詩와 독자의 만남에 경제적 부담이 크지 않지만, 종이책으로 발간할 경우는 원색 인쇄를 해야 한다는 면에서 원가 상승의 요인이 된다. 이런 등등의 시시비비는 매우 중요한 문제이기는 하나 지금 당장보다는 좀 더 많은 시간이 지난 뒤 그 성과물들을 통해 살펴봐야 온당할 것 같다. 이렇게 놓고 보면,

"디카詩는 사물의 상상력을 전달하는 측면에서 사물이 주체이고 시인은 객체가 된다"고 주장하는 이상옥 시인은 문덕수 선생의 말대로 시인의 기능에 대한 종래의 개념을 뒤엎는, "과격하고 혁명적인" 시의 형식을 주창하고 있는 셈이고, 문자시-디카詩-날시-포착시 등 그 나름대로 그가 제시한 혁명적 개념에 대해 "상호간의 맥락 엮기의 논리를 추구"하고 있는 것이다.

① 얼마나 깨어지기 쉬운 그릇이냐
현미경으로 비추면 실금으로 가득할 그대여
매일 새 금이 죽죽 그어지고 있는 그대여
펄벅이 '슬픔을 안고 살아가는 방법'을 운위할 때
사람들은 더러 '성숙'이라는 고상한
테제(These)를 투영하기도 하더라만
뭐라고 하든 아직 지탱하고 있는 것이 고마워라
슬픈 몸으로 오늘 하루를 건너고 있는 것이 고마워라
언젠가 깨어져 쏟아질
그 몸으로
생각하고
시를 쓰고
아이의 아비고
노모의 아들이다
아직, 흩어질 수 없어 단단히 죄는 불안한 몸이여

─「유리그릇에 관한 명상」

② 학교 앞 찻집에서 얻어온 견고한 유리잔, 커피를 마시면서 만져보고 또 만져보고 애견 고야만큼이나 애지중지한 투명한 몸, 실금 하나도 없는 두터운. 백해(百海) 선생이 주신 고려청자 접시처럼 몇 생은 견딜 줄 알았건만 한 순간 바닥으로 추락하여 박살나 버리다니! 주섬주섬 흩어진 몸을 수습하다 문득, 신화가 된 한 생을 떠올려본다

─「빈센트 반 고흐」

①과 ②는 그의 세 번째 시집 『유리그릇』(문학수첩, 2003)에 수록된 시이다. 디카詩로 진입하기 전의 시인의 의식과 시 경향을 살펴볼 수 있다는 점에서 매우 흥미로운 작품이다. 이 두 작품은 모두 유리그릇(또는 유리잔)을 통해 세계를 보고 있다. 먼저 ①을 보자. 유리그릇은 깨진다는 명제를 가지고 만들어진다. 깨진다는 말은 곧 죽는다는 말과 같다. 그러므로 유리그릇은 "슬픈 몸"이며 나의 "불안한 몸"이다. 이런 물질성의 육체 앞에서 시인은 갈등할 수밖에 없는 존재로 표상된다. 그 갈등은 육체적 상실에 해당되는 "실금"에서 출발한다. 이 "실금"을 정신적 "성숙"으로 보고, 6행 끝자리에서 반전을 기하지만, 시인의 의식은 죽음의 공포에서 쉽게 벗어나지 못하는 듯하다. "언젠가 깨어져 쏟아질/그 몸으로/생각하고/시를 쓰고/아이의 아비고/노모의 아들"인 시인은 영원히

가지고 사용할 것만 같았던 유리그릇의 유한성을 깨달으면서 자신의 육체성을 재확인하게 된 셈이다.

②는 제목부터 매우 인상적이다. 빈센트 반 고흐는 빈곤·병고·실연의 상처를 안고 살았던 네덜란드의 대표적인 인상파 화가 중 한 사람이다. 젊은 나이에 정신병의 발작을 일으킨 고흐는 고갱과 다툰 끝에 면도칼로 스스로의 귀를 잘라 버렸고, 그 뒤 파리에서도 발광하여 권총으로 자살을 기도, 37세의 나이로 죽었다. 그러니까 고흐는 언제 깨질지 모르는 "유리잔"처럼 매우 불안한 생을 살았던 셈이다. 시인은 "애지중지"하던, "실금 하나도 없"던 유리잔이 "한 순간 바닥으로 추락하여 박살 나"는 것을 목격하면서 고흐의 생애와 죽음을 상징적으로 만나게 되었던 모양이다. "몇 생은 견딜 줄 알았"다는 시인의 탄식은 육체의 유한성에 대한 애도와 다르지 않다. 그 유한한 육체성을 통해 시인은 자살했던 고흐를 만나게 된 것이다. 고흐는 사후 십 몇 년이 흐른 뒤의 遺作展 이후 위대한 화가로 세상에 알려지게 되었고, 그의 화풍은 20세기 초의 야수파에 큰 영향을 주었는데, 그런 고흐의 생을 시인은 "신화가 된 한 생"으로 규정하고 떠올렸던 것이다. 그러니까 고흐는 타자에 의해 신화가 되었다 할 수 있겠다.

    마산에서 무궁화호를 타고
    밀양에서 KTX로 갈아타고 서울로 향한다
    밀양에서 몇 분 머뭇거리는 환승의 시간

> 어머니는 아들의 부축을 받으면서
> 지구별을
> 먼저 떠나시고
> 아들은 홀로
> 세 아이를 지켜보고 있다
>
> 어머니가 그러셨던 것처럼
>
> ―「환승역에서」

　이 시는 이상옥 시인의 다섯 번째 시집 『환승역에서』에 실린 작품으로 일명 '포착시'의 가능성을 엿보게 한다. 디카詩에서 '포착시로 가는 길목'에 있는 작품인 셈이다. 그의 말대로 '극순간의 포착'이 한 편의 시로 승화된 것인데, 바깥으로는 존재론적 비극을 드러내고 있으나 안으로는 유리그릇(또는 유리잔)의 상상력이 보여준 유한한 육체성의 문제, 생물학적인 불균형의 심리상태를 드러내고 있다. 아들인 '나'를 중심으로 한쪽에는 "어머니", 또 한쪽에는 '나'의 "세 아이"가 균형을 이루고 있었으나 "지구별을/먼저 떠나"신 "어머니"로 인해 '나'는 심각한 불균형의 불안 심리를 갖게 된 것이다. 환승역은 다름 아닌 그 불균형의 심리를 만나게 하는 자아의 내적 공간이고, 동시에 그 공간을 발견·포착하게 한 외적 공간인 것이다. 이것을 치환하자면, 밀양역이 현재의 '나'라면 지나온 과거에 해당하는 마산은 '어머니'가 되고 미래에 도달해야 할 서울은 '세 아이'의 모습이 된다. 또한 이 내·외적 공간은 시간의 연속선상에 서 있다. 이런 발견·포착이 그가 주창하는 새로운 시 형식의 배경일 것이라 짐작을 해 본다.

1.

플로리다 주 수림에는 승냥이와 사슴이 함께 살고 있었습니다 사람들은 승냥이가 사슴을 잡아먹을 때마다 가슴 아파하며 저러다 사슴이 멸종하는 것이 아닌가 하고 걱정했습니다 사람들은 사슴을 보호해야겠다는 생각으로 사냥꾼에게 승냥이를 제한 없이 잡아죽이도록 했습니다

사슴은 더는 승냥이를 두려워하며 긴장할 필요 없이 유유자적하게 살게 되었습니다
마음을 놓아버리다 보니, 허릿살 배살 출렁거렸습니다
사슴들은 하나 둘 지방간, 고혈압, 뇌출혈 등으로 죽어가기 시작했습니다

2.

애리조나 주 그랜드캐년에 위치한, 동물 이동이 제한된 카이바브 고원에는 사슴과 늑대, 코요테, 퓨마 등이 살고 있었습니다 인

디언은 사슴을 사냥하였지만 웬일인지 늑대, 코요테, 퓨마 등은 사냥하지 않았습니다

　인디언들의 사냥과 천적의 포식으로 사슴 무리가 다소 줄어들 자 애리조나 주정부에서는 사슴 보호를 위해 인디언을 이주시키 고 사슴 천적들을 사냥하도록 장려하였습니다

　인디언과 포식자가 사라진 카이바브 고원에는 사슴 무리가 점 점 많아지기 시작했습니다. 사슴들이 풀뿌리까지 먹어치우는 바 람에 풀밭은 완전히 황폐화되었습니다

　사슴들은 하나 둘 주린 배를 움켜지고 죽어가기 시작했습니다

―「사슴 이야기」

이 시는 앞의 시보다 한 걸음 더 발견·포착에 근접한, 포착시에 접근한 작품이라 볼 수 있을 것이다. 이 시는, 플로리다 주 수림과 애리조나 주 카이바브 고원의 사슴의 생태 이야기를 담고 있다. 승 냥이(늑대, 코요테, 퓨마)나 인디언은 사슴을 죽음으로 몰아가는 존재들이다. 그러나 동시에 사슴을 생존하게 하는 원동력으로 존 재한다. 이 시에 대한 문덕수 선생의 자세한 평설과 디카詩·포착 시에 대한 평가를 살펴보면 다음과 같다.

「사슴 이야기」는 '사슴/승냥이'(늑대, 코요테, 퓨마)의 대립 구조가 해소된 뒤의 '자기/자기 속의 타자'라는, 자기 분열의 치명성을 암시하는데, 이것도 어떤 비밀의 부조리일까. 역시

모험적인 실험시라고 할 수 없으나, 그러한 방법적 가능성의 일단은 암시한다.

　엄밀한 의미에서, 이상옥의 시는 '발견·포착'만으로 끝난 것은 아니라고 본다. 발견·포착의 경계를 넘어, "다채로운 예술적 표현"이나 "다양한 미적 표현 획득의 가능성"(「디카시, 21세기 디지털 시대의 새로운 시의 한 모형」, 『환승역에서』, p.80)을, 이상옥 자신도 말하고 있다. 다채로운 예술적 표현이나 다양한 미적 표현도 "발견·포착"의 개념에 포함시키고 있다.

　(중략) 문자시, 디카詩, 발견과 포착, 사물의 상상력— 이런 개념들은 설득력 있는 논리적 의미망 안에서 비로소 제 빛을 발할 것이다. 새로움에의 모험적 광기(狂氣) 없이 어찌 시를 쓴다고 할 수 있겠는가.

　　　— 문덕수, 「이상옥론−시집 『환승역에서』(문학의전당,
　　　　2005. 12)를 중심으로」, 계간 『다층』 2006년 봄호

　디카詩에서 한 걸음 더 나아가 비시적이라고 생각되는 문자 속에 내재한 시적 형상을 포착하려는 이상옥 시인의 노력은 새로운 문학적 표현 가능성의 시험을 위한 시도라는 개념 밑에 요약되어 있는지 모른다. 그러나 우리는 이 실험적 노력이 대중 속으로 들어갔을 때 그 바탕에는 시적인 새로운 '적합한 언어'가 놓여 져야 한다는 문제를 제기할 수 있다. 구체시가 실패한 가장 큰 원인을 "구

체시는, 우리의 언어가 보조를 맞추지 못한 현실에 우리가 살고 있으므로, 주어-술어-목적어-관계로 된 문법화된 언어 대신에 '반문법적 시가'를 요구"했기 때문이라고 했던 연구자들의 말을 뒤바꿔 생각해보면, 그럼에도 불구하고 구체시는 우리 삶의 언어에 보조를 맞추지 못한 현실을 가지고 있었기 때문에 실험적 시가로 끝났다고 할 수 있을 것이다. 이상옥 시인이 주창하는 디카詩·포착시는 이런 점에서는 구체시와 상당한 변별력을 가지고 있으나 그 형식이 얼마만큼 시적인 새로운 적합한 언어를 찾아내느냐 하는 숙제를 안게 되었다 하겠다. 이 숙제의 결과가, 사물이나 자연, 혹은 문자 속에 존재하는 시의 형상을 문자로 포착한 것이 다만 형식 실험이나 대중추수주의적 형식으로 전락할 것인지, 아니면 곰링어가 시도했던 언어 '해방의 행위'와 같은 성과를 가져올 것인지, 또는 다양한 미적 표현 창구로써 우리 삶을 견인해낼 것인지 등을 판가름하는 중요한 역할을 하지 않겠는가 하는 것이 내 생각이다.

모든 탄생은 고통을 수반한다. 시인은 언제나 언어의 순간적 광휘·약동·불꽃에 대한 신앙을 잃지 않고 사는 자이고, 그러면서도 언어의 무기력에 대한 전면적 의혹을 품고 있어서 그 언어의 내핍 현상을 극복하기 위해 발버둥치는 자 아닌가. 이상옥 시인의 끝없는 실험정신과 열정이 좋은 결과를 맺기를, 그리고 그 결과가 시문학사의 새로운 기둥이 되기를 바란다.(배한봉, 계간『경남문학』 2006년 가을호)

직관이 불러온 詩를 받아쓰다

박서영(시인)

디카시집을 표방하고 나선 『고성 가도』를 읽으며 현대 사진예술의 전설인 앙리 카르티에 브레송을 생각했다. 비 온 뒤 웅덩이를 뛰어 넘고 있는 남자를 찍은 그의 사진 「생 라자르역 뒤에서」 (1938년 작)를 보았을 때 이미지 사냥꾼으로서의 감각과 긴장이 느껴졌다. 그는 평생 소형카메라만을 사용했고 있는 그대로의 이미지를 추구했으며 조명을 거부했고 사진 프린트도 다듬지 않았다고 한다. 사실을 파괴하고 의미를 희석시킨다고 여겼기 때문이다. 그래서 그의 사진은 극히 자연스럽고 사실적이며 초현실적인 분위기마저 풍긴다. 그는 다만 결정적인 순간을 기다린 사진작가였다.

이상옥 시인의 디카詩와 브레송의 사진철학은 닮은 점이 많다. 우선 날이미지를 포착한다는 점이며 풍경의 순수성을 그대로 재현하려는 것도 그러하다. 다만 이상옥 시인의 경우 결정적인 순간을 기다린 것이 아니라 시간과 공간의 우연성에 기대어 있다는 점이 브레송과는 다르다. 이상옥 시인은 운전을 하면서도 어떤 순간을 만나면 그대로 사진을 찍었다고 한다. 디지털카메라로 찍은 풍경과 언어로 표현한 詩가 별개의 것이 아닌 동일성의 개념을 가진 작품이 된다는 것이다. 언어 이전에 풍경이 있고, 그 풍경은 그대로 작가의 감성이 개입된 디카詩가 된다는 것이다. 그렇다면 디지털카메라로 풍경을 찍는 순간의 날씨와 기분 등, 정서적인 부분은 어떻게 처리된 것일까? 이것은 매우 예민한 문제가 아닐 수 없다. 디카詩가 하나의 문학 영역으로 확대되려면 작가의 개성적인 스타일이 필요하기 때문이다.

  디카詩가 아마추어리즘을 뛰어넘어 작품이 되려면 우선 디카詩를 쓰려는 사람의 소양과 감각이 중요하다. 『고성 가도』의 경우 단순한 풍경 묘사를 뛰어넘어 하나의 작품으로서의 역할을 충분히 하고 있다. 시가 짧아서 단상이나 스치는 감정의 토로가 되기 쉬운데 그렇지 않다.

하루치의 슬픔 한 덩이
붉게 떨어지면
짐승의 검은 주둥이처럼
아무 죄 없이
부끄러운 山

―「낙조」

　한 편의 짧은 작품 속에 시가 갖추어야 할 미덕이 고루 들어가 있다는 것을 알 수 있다. 사진과 함께 시를 읽으니 더욱 긴장이 느껴지고 감동이 인다. 검은 주둥이처럼 튀어나온 산 능선과 그 주둥이 속으로 빨려 들어가고 있는 붉은 해가 극적인 대비를 이룬다. 산은 우리의 대낮을 삼켜버린 짐승처럼 정말 부끄러워하고 있는 것일까? 묵묵부답이다.

> 공간과 공간이 만나 길 내고/시간과 시간이 만나 길 간다/공간과 공간 사이/사이 저마다의 풍경/풍경, 저 육교 아래/갇힌 둔덕과 산과 하늘은/천 년의 와불인가/거인의 손가락 한 마딘가
>
> ―「교직」

시집에서 개인적으로 가장 마음에 드는 시다. 우리가 살아있는 동안 '공간과 시간'을 벗어날 수 있을까? 그 안에 우리의 직장이 있고 불안한 현실이 있고 희망이 숨쉬고 있다. 짧은 시와 흑백톤의 사진 한 장에는 이 모든 것이 들어가 있다. "공간과 공간이 만나 길 내고/시간과 시간이 만나 길"가는 곳에 "공간과 시간 사이/사이 저마다의 풍경" 속에 우리가 존재하고 디카詩가 존재한다.

디지털카메라로 찍은 사진에 시인은 순수직관의 날언어로 시를 쓴다. 이때 시인은 시를 창작하는 행위를 하는 것보다는 직관과 풍경의 필사에 거의 가까운 행위를 한다고 볼 수 있다. 그러나 디카詩에 의식이나 사유가 전혀 들어가지 않을 수 없다. 인간은 이미 사유하는 인간이기 때문이다. 앞으로 디카詩가 하나의 예술 행위로 자리 잡으려면 미학적인 부분까지 고려되어야 할 것이다. 소재의 다양성 역시 마찬가지다. 『고성 가도』의 경우 시집을 관통하고 있는 것은 시인의 고향을 찍은 자연의 풍경과 일상들이었다.

이제 세상은 아날로그에서 디지털 시대로 넘어갔다. 세상이 변

하는 만큼 다양한 예술적인 시도가 있어야 한다고 생각한다. 여기에 이상옥 시인은 '디카詩'라는 새로운 예술영역을 개척하고 있다. 그 첫 결실이 『고성 가도』이다. 브레송의 사진철학이 그랬듯이 이상옥 시인은 존재의 본질인 순수를 찾으려는 시도를 하는 것인지도 모른다. 삶의 고통이라는 무거운 주제를 벗어나 아이처럼 천진하고 순수한 세계를 그냥 받아들이려는 것인지도 모른다. 그것은 꿈꾸는 것이지만, 꿈은 꿀 때보다 행동을 할 때 더 아름다운 것이다. 이상옥 시인은 꿈을 행동으로 옮겼다. 세상에 찍어놓은 '디카詩'의 첫 발자국은 아름다웠다. (박서영, 『시와상상』 2004년 하반기)

고성 가도

(固城 街道)

비 내리는 봄날 늦은 오후

구형 프린스는 통영 캠퍼스로 달린다

차창을 스치는 환한 슬픈 벚꽃들 아랑곳하지 않고

쭉 뻗은 고성 가도(固城 街道)의 가등은

아직 파란 눈을 켜고 있다

디카詩를 말한다

2007년 5월 7일 1판 1쇄 펴냄
2007년 9월 13일 1판 2쇄 펴냄
2023년 4월 23일 1판 3쇄 펴냄

지은이 _ 이상옥
펴낸이 _ 양동문
펴낸곳 _ 詩와에세이

등록 _ 제 319-2005-14호
주소 _ (30021) 세종특별자치시 조치원읍 충현로 159, 상가동 107-1호
대표전화 _ (044) 863-7652
팩시밀리 _ 0505-116-7653
휴대전화 _ 010-5355-7565
전자우편 _ sie2005@naver.com
공 급 처 _ 한국출판협동조합
주문전화 _ (02) 716-5616
팩시밀리 _ (031) 944-8234~6

ⓒ 이상옥, 2007
ISBN 978-89-92470-05-6 03810

* 지은이와 협의하여 인지는 생략합니다.
* 이 책 내용의 전부 또는 일부를 재사용하려면 반드시 지은이와
  詩와에세이 양측의 동의를 받아야 합니다.
* 책값은 뒤표지에 표시되어 있습니다.